闺秀风雅——书画情缘惜红衣

鱼丽 著

中国·苏州
古吴轩出版社

图书在版编目（CIP）数据

闺秀风雅：书画情缘惜红衣 / 鱼丽著. — 苏州：古吴轩出版社，2019. 6
（闺秀笔记）
ISBN 978-7-5546-1382-5

Ⅰ. ①闺… Ⅱ. ①鱼… Ⅲ. ①女性—名人—生平事迹—中国—民国 Ⅳ. ① K828.5

中国版本图书馆CIP数据核字（2019）第112454号

责任编辑：陆月星
见习编辑：张雨蕊
装帧设计：刘雨馨
责任校对：鲁林林

书　　名：闺秀风雅——书画情缘惜红衣
著　　者：鱼　丽
出版发行：古吴轩出版社
地址：苏州市十梓街458号　邮编：215006
Http：//www.guwuxuancbs.com　E-mail：gwxcbs@126.com
电话：0512-65233679　传真：0512-65220750
出 版 人：钱经纬
印　　刷：无锡市证券印刷有限公司
开　　本：889 × 1194　1 /32
印　　张：5.5
版　　次：2019年6月第1版　第1次印刷
书　　号：ISBN 978-7-5546-1382-5
定　　价：38.00元

如有印装质量问题，请与印刷厂联系。0510-85435777

| 闺秀心语录 |

鱼丽是上海一位女作家，一直心细如发，一身清气，情怀高洁，念想的是女性世界的那些佳人逸闻与昔时旧事。她把目光投向众多奇女子对文化事业的贡献，努力搜寻珍贵的资料，用生花之笔为取得精湛成就的闺秀们（主要是在文学、书画、戏剧等方面做出成绩者）一一书写传奇。鱼丽呕其心、沥其血，倾其素心与关爱，在纸上复活了一个个贤淑、勤奋、圣洁、鲜活的灵魂……读来亲切而令人动容！而且一读之下就有广我见闻、增我知识收益之感！

在我看来，凡闺秀必是女中佼佼者，温厚，优雅，贤惠，大度。她们是谦和有礼、学识丰厚、心灵圣洁、性情敦厚且又讲究精致生活的女子！她们秀外慧中，又具有关怀世情冷暖的美德。历史烟云和岁月风霜不能消磨她们的天生丽质，不能消泯她们高尚、宽容而超凡脱俗的性情。在做人上，她们讲究规矩，坚守原则，却因而被人误解为有点“守旧”。实际上，闺秀最能守住底线，决不会做“出格”的事！这套丛书一共描摹了48位闺秀，她们是女中人杰，可称为在文林艺海之探索实践中做出贡献者，今举要略述之：

《蔼蔼岁月有沉香》中的张充和温润，典雅，秀丽，其笔墨轻盈软和，“有做梦的味道”。张充和擅绘事、工笔小楷，可我不知道的珍闻是她在20世纪30年代中期，曾以各种笔名发表小品、散文乃至短篇小说，文笔清丽，韵味深长。

《清阁里的一枝红梅》一文让我们看到冰雪聪明、充满才情而又有着不凡经历的赵清阁。文中说她曾主编一本小说集，将陆小曼、苏雪林、冯沅君等12位女作家的作品集于一书；又说其生活情趣高雅，曾采雪存储备置，用雪水烹茶，且她的画作《泛雪访梅图》诗意盎然，极富文人画韵味。

《闺秀的精致与感伤》一文说：“民国闺秀的故事有繁有简。她们铅华洗尽，返璞归真，历尽世间的奢华百态仍清澈如水。闺秀的幽婉娟情、精致气质，是无法用语言来形容的。”这段话就是对闺秀的确切评价。本文说葛福灿虽已八十高龄，但是肤色白净，仍然可见年轻时的清秀美质，美人迟暮而高雅依然。曾做过小学教师的她古文底子也很深厚。正是这些传统的古典优雅涵养造就了闺秀的美丽芳华，至老不泯。

《一代画师沧桑事》记录王叔晖在画艺上的精湛与不同凡响。她画《西厢记》人物前后历时30年，精益求精下曾经三易其稿。后被选中作为特种邮票的《西厢记》，其画面上文雅的张生、美丽的崔莺莺仿佛走下画幅迎面款款而来，赢得广大读者的喜爱，她也因此享有“大师”盛名。

《杏芬旧影痕》中，光绪年间海上女画家吴淑娟亲得自然界山水灵秀之浸润，故其画“气韵万千，花卉秀润欲滴”。且其人关怀民瘼，曾将画润之资悉数捐作赈灾款。

我还欣赏书中美丽的文字，文笔清丽秀气，时见神来之笔，如“她们憩在时光水墨深处，风俗画般意味深长”“云为诗留，山随画活”……这样饱润诗性之语甚多，是滋养人的文字！鱼丽作品的语言沉浸在浓浓的人文情味中，笔下自然会流出胸中的清气，感染读者。语云“美意滋文”，此言非虚！

我一直对闺秀们的才学修养心怀敬意，她们的外表一般端庄高贵，冷峻而不冷漠，她们在做人上品格高尚、气度不凡而波澜不惊。从容、淡定、谦和、知足、惜福、随缘、有温度是她们人格魅力所在。虽然，她们的内秀实在不是一般女性所能企及，但是在以往的岁月里，实际上，很多闺秀是不难发现且亦非凤毛麟角的，她们往往就在我们身边。

鱼丽出身知识分子家庭，我作为她的一位“书友”，知道她本人一直全身心浸润于书业之中，勤奋读书，坚持创作，她本人就是一位“大家闺秀”！唯此，方有此雅怀与锦绣文字写出闺秀的多才艺、真性情、高格调与不凡的气度。这位饱含对生活之爱心的文士，更以女性独具的锦心、独步的文心、独特的关怀、独到的视野，完成了这充满清芬书香的著作。这本身就是一种人文关怀！弘扬闺秀精神，提升文明高度，也许正是鱼丽写作之初心。她为这些闺中女杰立传，也为芸芸众生树立了标杆！

原上海辞书出版社编审、作家 卢润祥

目 录

风致旧影

素心沧桑

岁华才情

陈小翠　孤高清绝蕴才情

冯文凤　鹤山才女逸豪情

谢月眉　玉瘦香寒领岁华

顾　飞　天地入吾庐

微禽身世可怜生，风雨危巢夜数惊。

借得一枝心愿足，夕阳无语自梳翎。

——陈小翠《为郑逸梅先生画花鸟占题》

危崖万丈响松湍，小阁扃灯觉梦单。

夜起开帘放山色，一天星斗大江寒。

——陈小翠《江楼》

| 陈小翠　孤高清绝蕴才情 |

孤清身世，浮生晚景

1927年，“无敌牌”牙粉大王、著名作家陈蝶仙的女儿陈小翠要出嫁。出嫁前，父亲将女儿的平日创作编成《栩园娇女集》出版。集中既有清隽诗词，又有俊逸之文，还有柔婉之曲，全面展示了小翠的创作才能。陈蝶仙还亲自写了一篇序，详述女儿红闺人俊雅的才情。

据说，陈小翠四岁时说话还不清楚，母亲就叫她背诵司空图的《诗品》。陈小翠十三岁时，陈蝶仙客居在外，她给父亲写信时，函尾常常会缀上几首小诗。如：“仙人楼阁面山开，天际余霞落酒杯。一片竹阴凉似水，夜深和月送诗来。”清新小诗，文采斐然，婉娈可诵。开始，陈蝶仙以为是小翠母亲写的，或者是小翠写后由母亲润色的，后来才知是小翠本人之作。陈蝶仙为女儿已有左家娇女的灵气而高兴，于是，他在著述之余，就让小翠帮他翻译英美小说。

灵襟夙慧的才女，自然吸引同样是女中俊杰的目光。古典诗词名家叶嘉莹给学生讲解唐宋诗，就举陈小翠早慧的例子，以证

陈小翠（左）与顾飞（右）

其少年清才，兰心蕙质。而壶因老人陈声聪在《兼于阁诗话》中说，小翠的诗“脍炙人口，郁有奇气”。

闺秀才情似水清。这位浙江杭县女子，也是一流人物，她与南唐李后主同月同日生，是著名南社会员天虚我生的女儿，兄长陈小蝶既会文，又会书，词曲书画样样精通，可算家学渊源深厚。陈小翠生活于其中，自然耳濡目染，养成清隽才情。

陈小翠成婚的对象为汤彦耆，为浙江省督军汤寿潜长孙，同样是诗礼传家的世家子弟。可惜婚后，理想与现实发生矛盾，小翠不甘平庸的生活，在生下女儿后，夫妻终因琴瑟不合而分居。她曾写下“采莲莲叶深，莫采青莲子。同房各一心，含苦空自知”的诗句来抒发婚姻不顺的愁绪。据说，两人曾有约：男不娶，女不嫁。陈小翠毕竟是才女性情，回到娘家，仍然吟诗作画，过清静自在的生活。20世纪40年代，小翠独身一人在沦陷区上海生活。寒门子弟顾佛影是陈蝶仙的学生，别号大漠诗人，曾与小翠同窗共读，灯火论文，玉案双吟，感情甚好。小翠与汤彦耆分居后，正当盛年，完全可以觅知音伴侣，但小翠无意改嫁，婉拒顾佛影的追求。她作为自由女性，追求人格独立，独立谋生，不让须眉。顾佛影临终前为不影响小翠名声，亦一把火烧了两人的诗文书信，不留痕迹在人间。

陈小翠46岁时，受上海无锡国学专修学校之聘，任诗词教授；57岁，受聘于上海中国画院为画师。才情艳发、诗画兼工的小翠，可谓德艺双馨，才有如此成就。可惜好景不长，才女的浮生晚景偏与悲凄相缠。陈小翠晚年时，女儿汤翠雏已远去法国，她只得单身索居。1968年的夏日，陈小翠引煤气自尽，终年67岁。就像繁华散尽难免加倍萧索一样，陈小翠的孤清离世，更显刻骨铭心之痛。

“文学陈小翠第一”

翻检旧时那些女画家的点点滴滴，有满树着花的繁绮之美，陆小曼冷傲，陈小翠孤清，顾青瑶坚贞，庞左玉秀媚……又很自然地了解到陈小翠与中国女子书画会的一段因缘。书画会中，有“文学陈小翠第一”的说法。

安徽大学教授刘梦芙钟情陈小翠曾经的闺阁情怀，为她写下洋洋洒洒一篇文章，细述陈小翠与诗人顾佛影一段鸳鸯惊散的爱情往事，又对陈小翠的遗著——20卷《翠楼吟草》推崇备至。陈小翠会吟诗、作词，词堪与吕碧城、丁宁、陈家庆、沈祖棻等诸名门丽人相并论。诗坛耆宿陈声聪先生评述，陈小翠的诗“脍炙人口，郁有奇气”，词“芬芳悱恻，无一点脂粉气”。她的词集足有13卷，既怀文人书画文玩的情趣，又有闺秀笔记念旧的幽思。《翠楼吟草》洋洋大观，偶尔读到一首，心似有余弦拨动，亦给人江南绿梦的感受。

女画家会写诗、会作词，那就有了文人画的意境，有了文人孤高清绝的情趣。置身于一帮钗光鬓影的女子中，陈小翠只爱以翠绿姿影行世。她定是爱极名中的“翠”字，所以一路“翠”下去——又名玉翠、翠娜，别署翠侯、翠吟楼主，斋名翠楼。宛如一枚印章，

扇面　陈小翠绘

小巧秀气，翠意吟吟，钤于画幅上，真的是“点翠”了。陈小翠将情怀落笔于一个“翠”字，是一份生机，一份圆满，也是一份特出。陈小翠不仅出生之地翠影隐隐，写诗作文也翠意不已。翻读《翠楼吟草》，时而消夏词，时而秋宵颂，时而司香曲，时而对酒歌。一个闺阁女子的闲愁清吟，透露出的闲情与生活绾合得规规矩矩，让人不由自主地感受那份闺秀的清幽，身心俱有凉爽之意。想她，是用尽心力把日常生活里的诗意拢束起来，才吟就了一段绿梦词。

中国女子书画会

20世纪30年代的中国女子书画会于我是个传奇。对它，我有着没来由的亲近之感，我曾对它产生许多雅致的美好想象。读过许多中国女子书画会的精彩篇章，其中有情节，有故事，起承转合得非常耐看。就此了解到，至近代，上海滩以诗词书画造诣著称的才女名媛纷然跃出，满枝暗香，直浮出墙外。

1934年，中国女子书画会第一届书画展览会在上海举行，陈列作品五六百件，可谓惊艳人间，赞誉纷披。参加的女画家有冯文凤、吴青霞、谢月眉、顾飞等闺阁名流，自然也包括陈小翠。她因文笔了得，还担任《中国女子书画展览会特刊》的编辑。1939年至1943年间，陈小翠与顾飞、冯文凤、谢月眉四人连续三次举办“四家书画展览会”，那是她们的春花，她们的秋月。艺术领域向来是男人驰骋的天地，闺阁女子于此经营，会更引世人青眼观之，有人称赞她们的作品“不但可以称霸于女界，竟然可以压倒须眉”，显示了闺秀女画家深怀的胆识与情趣。

陈小翠的花鸟画，翠鸟栖枝，淡墨写意，比文人枯笔墨写又更胜一筹。喜欢她的画不止一点理由，其中有我熟悉的清趣，清丽笔墨收拾得那么干净，花草纤秀，小不盈掌。她的那一幅幅翠鸟，或许可以算得上闺秀雅玩，也或许可以成为深闺里的珍藏。

与施蛰存的文史佳话

施蛰存先生晚年艺事掇拾，曾出版《云间语小录》一书，他特意在该书的封面选用一幅陈小翠的山水小品。其间枯林萧瑟，荒寒孤寂，时有流云散淡其间，于温婉中寓疏旷的意味。画面上，有陈小翠题的一首五言绝句：“落叶荒村急，寒星破屋明。不眠因酒薄，开户觅秋声。”才女诗与才女画一样难得。陈小翠的这幅画、这首诗，别有一番深情寄托其中，让人想到她的才华，也想到她的遭遇，不管诗与画如何婉转曲回，实可解读其中微妙的世情。

颇让人感慨的是，据说她与施蛰存在年轻时曾有一段如烟往事，可谓“儿女赓词旧有缘”。1920年，两人曾同为《半月》杂志写稿，主编周瘦鹃在收到施蛰存的15首词后，突发奇想，邀请陈小翠与施联袂合作，以词应和。后在1922年1月的《半月》杂志上，发表了他俩合写的《〈半月〉儿女词》24首。可谓珠联璧合，引时人称赞。当年施蛰存17岁，陈小翠19岁，在众人眼里，似可以成就一段美好姻缘。后来，施蛰存在陈家公司任职的表叔斗胆向陈蝶仙提亲，希望他把女儿嫁给施蛰存。陈父一时未允，施蛰存也以“自愧寒素，何敢仰托高门”而放弃了这门婚事。

42年后，即1964年，施蛰存得知陈小翠的女儿汤翠雏远嫁海外，而她孑然独居时，打听到她的住址后，即登门拜访。两人第一次见面，竟倏忽已过中年。人生沧海已然桑田，二人才有机会再续这份文字因缘。只是头白相逢亦惘然，陈小翠赠施以《翠楼吟草》，施公则还之以咏怀绝句，为早年的旧缘增添一段文人佳话。1985年，为了纪念和缅怀这位才女，施蛰存又将两人合作过的作品编录成一册《翠楼诗梦录》，并撰文详细回顾了自己与陈小翠的这段文字因缘，对她的诗词书画，亦有极高的评价。

陈小翠与书画、文史界的人士频频交集，蕴含了世人少有的才情，她的人生可谓色彩斑斓。其人虽然后来历经寒霜，却终显云淡风轻。她的书画人生，像是兰闺里添了一幅兰亭画，好留作千秋佳话。

洗桐拭竹倪元镇，较雨量晴唐子西。

——冯文凤书七言对联

重阳过后，好个霜天，知多少词流，愿公更健；湖海平生，一宵歌酒，有丹青相伴，胜友俱来。

——冯文凤

冯文凤　鹤山才女逸豪情

鹤山女子赎画补过

1915年的暮春，香港的《华字日报》上登出一则启事，为广东鹤山女子冯文凤的隶书润格：

> 二宣四屏八元；大宣四屏拾元；楹联折半；随封加一。润资先惠，十日应付。接理处水车馆口瑞兴隆。

润例刊出之后，人们议论纷纷，这个冯文凤才不过是13岁的小姑娘，怎么能登出这般的润例？大家都摇头不信，有好事者还故意把订件信函直接寄到冯家。其父冯师韩无奈之下，于十日后，在《华字日报》又刊登了一则《冯师韩启事》，申明前一则启事确实是真的，这才消除了人们心头的疑虑，也消除了一场书坛风波。

冯文凤出身于书法世家。父亲冯师韩是岭南书法名家，写得一手好隶书，与风丁老人邓尔雅有“邓篆冯隶”的美称。冯氏绝技不大容易得见，有沈尹默题签、陆丹林作序的《冯师韩书画集》，读其中的诗、书、画、印，一股苍古气息扑面而来。

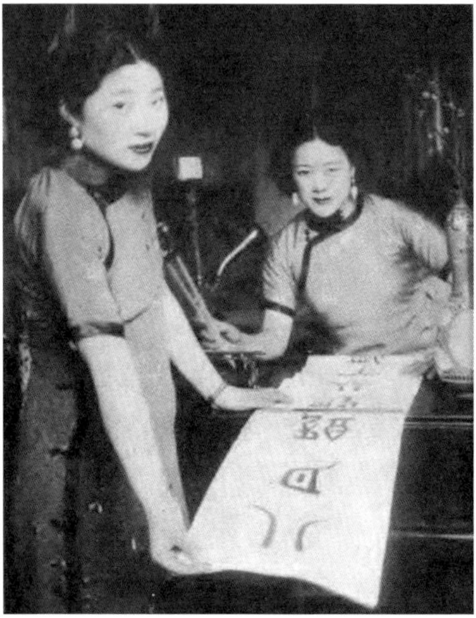

冯文凤（右）在写对联

为女儿取名“文凤”，自然寄寓有“文中之凤”的希冀。冯文凤幼承家学，最擅长的也是隶书，她的隶书刚柔相映。她以金文笔法写甲骨文书法，将父亲的冯门书写技法完美地继承了下来，13岁即能当众挥毫书写条屏，成为人们津津乐道的闺秀小才女。

时光荏苒，六年后，冯文凤再出手，又刊登了一则广告，称自1915年鬻书卖画以来，计得楹联1362对、画18帧，“现因学年俱进，昔日之作，颇不满意，拟赎回补过，凡还我书者，奉银一元，还我画者廿元”，并重新制定润例。从此冯文凤声名大噪。

闲时，看她故纸旧笺上的笔痕墨影，就此有了别样的意味。她的一篇苍润叠秀的书法作品，文字来自《水经注》，这段话透出云水襟怀之气，冯文凤对之情有独钟，她舒腕运笔，用所擅长的隶书款款写就，写完后，署“文凤”名，并钤上一枚“文凤书印”。闺秀的书法审美附丽于其中，这篇书法成为她的传世代表作。冯文凤个性中有要强的一面，可一出手，却是“柔”意十足的隶书。或许只能如此，才能刚柔相济，书写出不同凡响的意味来。

论绘画才情，冯文凤可能比李秋君、陈小翠、吴青霞、顾飞等人稍逊一筹，但她的书法笔笔古厚，士气盎然，魅力独特。女画家们大多喜欢写纤纤小楷，精致如顾绣，十足的明清闺阁小品。唯有性情慨爽的冯文凤，爱用绵渺厚重的隶书，挥洒豪情，也为闺秀书坛留下一片庄重典雅的方正气息。

究其实，书法只是她的长项之一。她还游艺于雕塑、国画、摄影、油画、音乐之中，可谓多才多艺。这旁逸斜出的才情，竟不能让人将她当作是书画之余的客串，而认为是上天眷顾着她的灵气、她的聪慧。

中国女子书画会的领军人物

春梦了无痕，冬梦亦无痕。大寒之日，读书取暖。沉浸于中国女子书画会多日，为它曾有的历史风云际会而激动。那些专家、学者，历数旧事的来龙去脉，对领军人物冯文凤其人的描摹，都推崇备至，于是这位广东鹤山女子便款款地走进我的视野。

像是展演之前的彩排，冯文凤开始了她书画活动的花样年华：1918年，冯文凤在香港创办香港女子书画学校；1920年，她在上海举办“华人女子美术展览会”；1925年，她的香港女子书画学校在上海设立分校……1934年4月29日，“中国女子书画会”成立。同年6月2日至4日，在西藏路“宁波旅沪同乡会”顺理成章举行了第一届“中国女子书画展览会”，展出的五六百件作品轰动一时，会后，编辑出版了一册“特刊”。一帧帧书画全都那么灵秀，那么古朴，那么丰厚。

冯氏女子，以她的才情，她的魅力，成功运作了一条中国女子书画的路线，也使1934年成为一个分水岭，将闺秀们一路的书画花雨，转化成为纸墨画笺。冯文凤振臂一呼，可谓应者云集。李秋君、陈小翠、顾青瑶、杨雪玖、顾飞等画界女杰欣然响应，海上画派生出一支闺秀书画队伍。会员最多时达150余人，大家或雅集，或办展，或编刊物，不亦乐乎。一时之间，海上可谓风雅文艺，墨香闺秀。

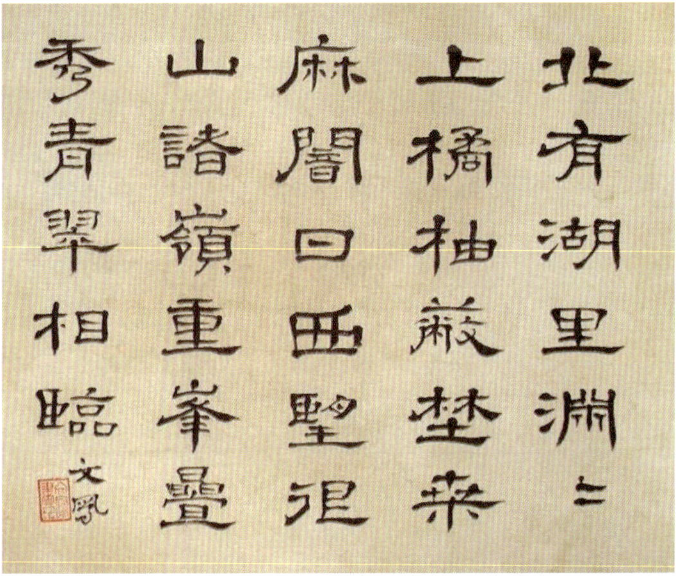

节书《水经注》　冯文凤书

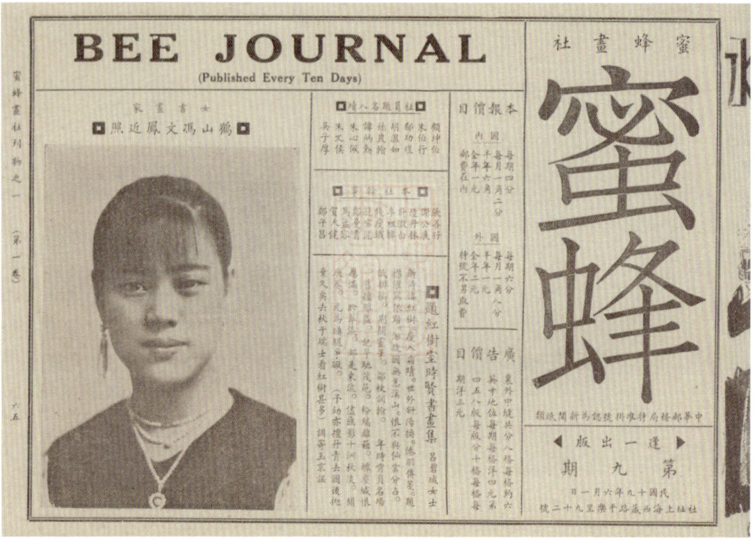
BEE JOURNAL

(Published Every Ten Days)

蜜蜂畫社

蜜蜂

中華郵務局特准掛號認為新聞紙類

◀逢一出版▶

第九期

民國十九年六月一日

社址上海西藏路平樂里九十二號

蜜蜂畫社刊物之一（第一卷）六五

女書畫家

◘鶴山馮文鳳近照◘

◘社員題名八續◘

顧坤伯 朱伯行 鄭幼堤 胡溫如 孫霞餘 韓尚勳 朱心佩 朱文侯 吳子厚

◘本社幹事◘

張善孖 謝公展 陸丹林 杭穉英 李祖韓 錢瘦鐵 孫雪泥 鄭曼青 馬孟容 賀天健 鄭午昌

◘題紅樹室時賢書畫集 呂碧城女士

本報價目

國內 每期四分 每月一角二分 半年六角 全年一元 郵費在內

國外 每期六分 每月一角八分 半年一元 全年二元 掛號不另取費

廣告價目

東外中縫共分八格每格約六英寸地位每期每格洋四元第四五八版每版分十格每格每期洋三元

冯文凤年轻时小像

一代女书家冯文凤，人隽秀，字漂亮。一副副对联，一桩桩逸事，记载着她的旧时书法往事。1933年秋，上海《新闻报》公开征印全国女书画家近作，由读者投票评选，张大千、黄宾虹等为评委，冯文凤的书法被评为第一名。

才女书法，幽幽墨香。据记载，有一次，海上举行赈灾书画展，一代词人谢玉岑与冯文凤，一同参与其盛，凡谢玉岑所书之联，乃署冯文凤的名字；而冯文凤所书之联，则署谢玉岑的名字，以示戏谑之意。当年墨戏，已成往事，但冯文凤在重峰叠秀的女性书家中脱颖而出，无疑是有原因的。她的直爽，她的率真，都颇为引人注目。她钤的印文，也颇有意趣——“身行万里友天下”，流露出她直爽豪迈的个性。活跃于文艺界的女书家，她的领导力与风采使得她笔下自信与娴熟逐渐彰显。她书写的隶书瘦硬灵动，刚健雄强，显示出女性的自信美。她还写有一副隶书十字联：“阴阳风雨晦明，受之以节；梦幻露电泡影，作如是观。”此联糅合《左传》《周易》语以对佛经。在欣赏她的书法之余，也可以看出冯文凤与闺阁女子爱吟风弄月的不同。

戊戌清疏冬日，在上海近代阅览室查阅文献资料，中国女子书画会的那些画家，活跃在报端的影姿时而可见，尤其以冯文凤最为活跃，她一袭素雅旗袍，伏案书写，姿态恭谨，让画面都优雅了起来。除了书法，她的日常生活也是大众关注的目标，可见当时她的影响力。

人虽去，余音不绝

读她的身世入了迷，不由牵挂她人生的阴晴圆缺。坊间记冯文凤的感情生活逸事，有好几则，不过是才女命薄、遇人不淑之类的老调。其中有一则说她的丈夫邓仲和，原是冯家的家童，已有妻儿，冯文凤偏偏钟情于他。谁知邓氏入赘后，竟连纳三四个妾。邓氏纳一新宠，冯文凤气甚；后来，邓氏再继纳二三妾，冯文凤反处之泰然了。友人问她为何不恼了呢？她说："纳第一宠，气恼者是我，如今他纳了第三、第四妾，气恼在第二、第三妾，与我何干？"听上去，像是《世说新语》里的笔记语录，看似谑趣，实则心酸。

冯文凤的逝世年份不详，让人叹惋。人虽去，而余音不绝。

一代海上名编、红树室主人陆丹林在她逝去后，为她绘有《枫园忆凤图》。陆丹林的室名别号有很多，最有名为红树室，其次是由陈三立等题署的枫园。枫园忆凤，这当然绝非仅因二人同为岭南人的缘故。陆丹林的性情不随流俗，冯文凤也是情谊别有怀抱的女子，他们曾有多种书画情缘、文史椽笔的交集。

其一，冯文凤曾经赠枫园主人陆丹林一联："洗桐拭竹倪元镇，较雨量晴唐子西。"这一锦绣诗笔的对联被才子董桥收藏，并评为"精绝神妙"。

其二，陆丹林四十寿辰时，冯文凤情愫殷殷地收罗才子书，集宋词以贺：

重阳过后，好个霜天，知多少词流，愿公更健；

湖海平生，一宵歌酒，有丹青相伴，胜友俱来。

词情清淡而真挚，说的并非仅是一份雅趣。风雨人生，毕竟不全是冷淡世情，让人心存念想。

冯文凤凭借别样的闺秀才情，也赢得了国画大师黄宾虹的青睐。黄先生的年谱记载其门下的女弟子，有顾飞、冯文凤、黄冰清等，个个有气质，有才情。黄大师对冯文凤青眼有加，曾经为冯文凤作《碧梧仙馆图》及《丹枫白凤图》。遗憾的是，难以欣赏到相关画作，但其中的碧梧仙意、丹枫白凤的期冀，却切切实实可以领悟得到。

故纸寒香，重新品读，再看“鹤山冯文凤署”的隶书题款，竟格外让人缅怀这位爽直的鹤山才女。

烟柳千条蘸水滨，园亭经雨沐痕新。
青溪艳映残霞里，摇曳红裳欲醉人。

——谢月眉《雨后游舣舟亭赏荷》

风翻败叶晚烟昏，惆怅香残碧褪痕。
纵有素笺千万叠，却从何处写花魂？

——谢月眉《吊枯荷》

| 谢月眉　玉瘦香寒领岁华 |

常州女子谢月眉

民国时期的上海，年少的谢伯子拜画家郑午昌为师。有一次，月眉姑母带他到郑先生的鹿胎仙馆去。月眉姑母在前面一心一意地走着，没有料到小侄子在后面却开了小差。月眉姑母走到了郑午昌家才发现侄子不见了，急得不得了，便同郑先生一起上街找。顺着来路，一直走到一家店前，看见小谢伯子正着急地原地打转。月眉姑母松了一口气。原来，半路上，谢伯子从玻璃窗中看见几幅大千师的画，一下子迷住了，忘了跟着走。那时他还小，初到上海，不大认得路。

对喜学书画的小侄儿，月眉姑母寄予殷切希望。原在常州，谢家一门隽才，蜚声艺苑，侄儿若能传承家学，最好不过。可是，1937年11月，日本侵略军的铁蹄占领了古城常州。谢月眉只好带着家人，辗转进入上海租界避乱，过起了颠沛流离的难民生活。

为了维持全家五口人的生活，为了让小侄儿能安心学画，月眉姑母不得不挥毫落纸，卖画谋生。于是，她的一幅幅清香四溢的工笔花鸟画，便飞入上海人家的居室里，一股隽韵弥漫沪上。

左　《梅茶小鸟》　谢月眉绘
右　《春长寿永月月》　谢月眉绘

春日雅静，卷起书香便不同。一连看到好几帧谢月眉的花鸟小品，荷花鸳鸯、梨花翠鸟、牡丹鸳鸯、白梅小鸟……像精致的画框一样，将“月眉”二字深深嵌进我脑海之中。

画人品位可看印章，雅俗立见，才调立见。月眉女史有好几款印，我都很喜欢——“月眉赋色”“青山世家”“卷若之印”。这些玲珑剔透、小巧别致之印，朱文白文都风流，钤在工笔花鸟间，真是淡极了，也雅极了。她的题签也显规矩，如同她的性情，只占扉页右上小小一角，写着“月眉”。

谢月眉的字画里，是一派的低调淡静。她做人也是如此。一直尊崇着这种闺情雅韵，我相信中国书画传统里不可没有闺秀情结，否则画作会少去好多韵致。

关于常州女子谢月眉有段文字：

> 女士为词人玉岑之胞妹，工六法，得其乡先辈恽南田画法遗意，所作花鸟，上追宋元，下匹南楼老人，秀逸清雅，兼而有之，迩年寓沪，与画友举行作品展览数次，尽得好评。弟稚柳，侄宝树，均工画，有声于艺坛。

淡淡几笔，描摹当年的谢月眉，真是文也深情，意也深情。

江南女子谢月眉，名卷若，1905年出生于江苏武进的“江南谢家”。说起来，她有好几种身份：江南词人谢玉岑的妹妹、著名画家谢稚柳的姐姐、知名画家谢伯子的姑姑。

认识谢月眉是一种缘分，读到谢月眉的画也是一种缘分。认识了谢月眉，便不可避免地会关注谢氏家族。“江南谢家”原是常州世家，一脉书香，不是虚言。从谢玉岑、谢月眉，到谢稚柳、谢小珮、谢定琦，一路下去，让人如行山阴道上，应接不暇。江南名儒钱振锽曾编一册《谢氏家集》诗词集，记载有谢家诗书风华。而谢家又与江南钱氏互有诗书往来，钱家钱向杲、钱名山、钱小山祖孙三代亦都是近代有名诗人和书家。谈诗论画，江南钱谢两家是隐隐青山，迢迢绿水，总也绕不过去的。

花鸟圣手谢月眉

谢月眉一生低调清苦，只留有几张黑白影像。一张是她和冯文凤、顾飞、陈小翠在20世纪40年代参加书画会时的合影。她着浅色修身旗袍，立于冯文凤的左端，侧身低眉微笑着，正看着手中的扇面画稿，显得温柔怡雅。几位女画家的合影相片，如今已然纸片泛黄，影像苍茫。但那股清雅气息永远是我追忆逝水年华的引子。

作为近代江南世家，谢家诗书画才华为世人所共识，身处其中的谢月眉，自然早慧。她著有《谢月眉诗稿》，其中有一首《雨后游舣舟亭赏荷》：“烟柳千条蘸水滨，园亭经雨沐痕新。青溪艳映残霞里，摇曳红裳欲醉人。”写雨后荷塘，清新动人。廿四芳华时，她写有一幅《牡丹图》，随情赋色，花卉清润，细致入微，被收入中华书局出版的《当代名人画海》。原以为这幅《牡丹图》会成为传说，2017年5月，在常州博物馆参加“风雅与归——毗陵钱谢书画

（从左向右）谢月眉、冯文凤、顾飞、陈小翠举办“四家书画展览会”

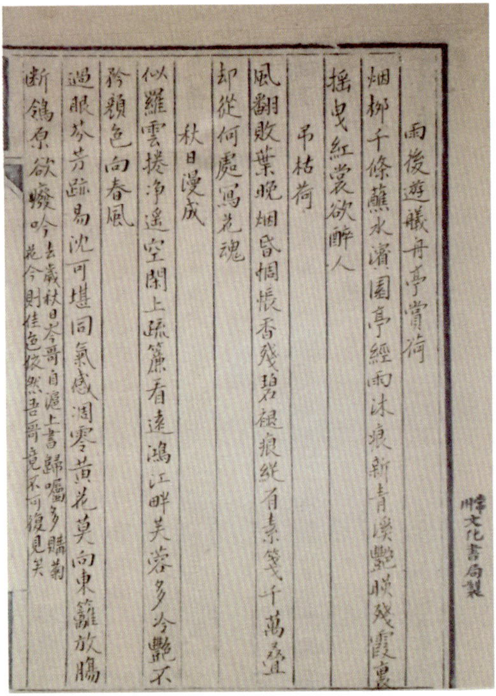
雨後遊艤舟亭賞荷
烟柳千條蘸水濱園亭經雨沐痕新青蓮艷映殘霞裏
搖曳紅裳欲醉人
弔枯荷
風翻敗葉晚烟昏惆悵香殘碧褪痕縱有素箋千萬疊
卻從何處寫花魂
秋日漫成
似羅雲捲淨遙空閑上疏簾看遠鴻江畔芙蓉多冷艷不
矜顏色向春風
過眼芬芳跡易沈可堪同氣感凋零黃花莫向東籬放腸
斷鴒原欲廢吟 去歲秋日兮哥自滬上書歸囑多購菊花今則佳色依然吾哥竟不可復見矣
嵊文化書局製

诗稿　谢月眉书

展”时，竟看到她1941年画的一幅牡丹图，俯仰掩映，曲尽其态，花叶之翻转向背、枝节细微部分都仔细交代，正有恽南田秀逸清雅、含蓄简丽之风。恽南田先生对明末清初的花卉画有“起衰之功”，牡丹又是其笔墨代表作品，年轻时的谢月眉，牡丹画自然有先辈画法遗意，因而以“班谢之才”称道于闺秀之中。

春天花时，正是读书赏画日。谢月眉之画气韵秀逸，运笔古雅，有古旧情怀。武进女史的青春画作有少女的眉目清秀，清雅别致。你说它上追恽南田也好，你说它有宋元遗韵也罢，无一例外，不过都是“空庭一枝影横斜，玉瘦香寒领岁华”。

她有幅《白梅素心》，是赠给著名雕塑家刘开渠的夫人程丽娜女士的，画风极为淡雅。程丽娜女士出身名门，毕业于杭州国立艺专，擅长油画。她是杭州艺专的校花，演过话剧《茶花女》，会唱京剧，演的还是老生，属一代风华之女性。再重看这幅画作，更读懂了谢月眉画画时的那份素心，那点梅意。

相比常州女画家吴青霞，谢月眉的笔调情感有细微的差别。虽同是闺秀画派中的花鸟圣手，墨里情趣毕竟是不一样的。前者进取，也洒脱；后者清寂，又缠绵，带着一点隐逸幽深、超凡脱俗的气息，成为温情所寄之物。

真不知拿什么言语形容好。谢月眉为人有闺阁女子的清气，如月曙沐；她的诗，淡雅有味；她的工笔和没骨花鸟有六法之精，一时无两，用一句话可赞——“直逼宋元”。可惜我习画不勤，不然闲时学画工笔花鸟，真可以将谢月眉的做稿本，也可领略一番宋元韵致。

低眉守心谢月眉

谢月眉用“雅静”的画笔，记录了春分时节的民国江南，可是多才多艺的谢月眉却留给艺坛一个永久的困惑——是什么原因，使她生了归隐之心，让她于中华人民共和国成立后，寓居于沪上的壮暮堂，低首敛服，伴于谢稚柳夫妇身旁，不再沉浸于画事，而是用绘丹青的柔荑之手，裁新衣，做羹汤，挑起养家教子的重担？

壮暮堂里的谢月眉，低眉淡服，守心如玉。因她有先天残疾，行走不便，拐杖随身，因而拒绝在公众面前留影。但无论多么低调，多么内敛，始终无法躲开世人的视线。在隐约耳语的闺秀故事里，她总有惊艳的风华在岁月里流转。

20世纪六七十年代，《文汇报》记者郑重先生曾频频进出壮暮堂。那时的壮暮堂内，四壁萧然，客人不多，每次进去，唯有姐弟二人凭案对坐。谢月眉依然身形瘦小，面孔清瘦，一口乡音无改的常州话。当郑重和谢稚柳先生攀谈时，她多是坐在一旁静静地听着。她的记忆力尤佳，谈到毗陵往事时，她会为谢稚柳的谈话或补充，或纠正。谢稚柳先生谈到忘却处，也会用询问的目光看看她，她便会历数旧事的来龙去脉。一次，谢稚柳先生谈到他少年自命多才，写了一首诗，但突然间想不起来了，谢月眉在一旁，脱口吟出：“野塘花落妙生情，闻有狂歌咳唾成。清水沧浪缨可濯，凄凉千载楚骚声。”吟罢又补充一句，说：“这是你的第一首诗，十二岁时写的。”

谢月眉一生未嫁，却爱绘鸳鸯。她画的荷花鸳鸯有好几幅。那对水禽爱侣栖在她的笔下，又幽静，又活泼，谁见了都喜欢。对自己的闺阁情爱，她是“春梦无痕”，对禽类的相知相伴，她却珍爱不已。据说，她晚年极爱读琼瑶作品，关注主人公命运的阴晴圆缺，倒是让人不由得会多想几分。或许，她虽曾敏感多情，但只想清苦一生；或许，她只想独善其身，如同“卷若”的名字一般，秀媚一时，以自己的方式，以旧时闺秀的静观姿态，来面对时代的变化。人生百年，如白驹过隙。谢月眉寿至96岁而终，她内心的孤寂无人可知。曾经的绚烂飘然而逝，旧时的月色却并不暗淡。月眉老人的个人命运，也可以看作是那代闺秀画家的命运。

“珍重江南谢月眉，春风笔底斗燕支。瓣香合奉瓯香好，五叶传灯得太师。”在江南春分时节，去捕捉一些江南谢月眉的人生片断，去追寻那已经逐渐淡去的闺秀情怀，的确是一件动人幽怀的雅事。

衰柳万千丝，遮断天涯路。一样斜阳两样愁，身世西风误。

波影似年时，照影人何去。纵不凄凉也是秋，几滴黄昏雨。

——顾飞《卜算子·重游杭州陈小翠旧居》

| 顾飞　天地入吾庐 |

黄宾虹入室弟子

艺界画缘例数不尽，顾飞拜师黄宾虹的故事，说来也是一段风华旧事。

那时，上海老式弄堂比较窄，两边楼房中的住客隔着弄堂也可以说话。一天，书画名家黄宾虹先生早起，却见对面有位清秀的女学生，正临着窗户奋笔作画，神态极其娴静。此时的宾翁正因出版经营不顺，心境不佳，却见对窗女生勤习书画，天天如此，顿起怜爱之心、栽培之意。于是经黄宾虹的侄女黄映芬的介绍，顾飞有缘拜师，成为虹庐入室弟子，就此与山水画结下不解之缘。

小春闲时，读裘因女史的《天地入吾庐》一书怡养心神，略翻翻，就窥见了顾飞在民国时代的姿影。裘因笔下的母亲顾飞和中国传统书画，更为可感可信。就在书香文化似乎慢慢变得不那么清香的时候，顾飞的往事，吸引了我的目光。

顾飞原名慕飞，号默飞。原来小慕飞从小伤足。外祖父为其取名“慕飞”，是希望她不受羁绊。后顾飞自己改成“默飞”，又改成单名“飞”。学画中人，身有残疾者不少。顾飞如是，谢月眉也是

顾飞

如此。可身疾并不能使她们的心灵屈服。一旦找到了自己的方向，就沉浸于其中，注重内在的追求，不与他人较短长。也许正因如此，顾飞用泼墨之笔，大胆爽利地勾画自己的人生，反而厚重出尘，与俗人不同。

机遇似清水，无处不可流。顾飞的书画人生，与书画大家黄宾虹有着莫大的渊源。想当年，顾飞于1926年入上海城东女校专修国画。当时担任女校校长的杨雪玖也是一位才华横溢的女画家，曾师从吴昌硕、王一亭、弘一法师等，20多岁就名扬国内，1922年曾和黄宾虹合作巨幅花卉。在她的指导下，顾飞的书画基础自然不弱。可惜的是，顾飞因家道中落，家中条件困难，只好中途辍学。但是塞翁失马，焉知非福？1927年，她为周姓亲戚的家庭教师，亲戚家的前弄堂恰为神州国光社所在之处，这是黄宾虹和邓秋枚所创办的一家出版社。于是出现了文章开头一幕，顾飞就此结识了黄宾虹，入室黄门，开始了她的画学生涯。

后来，顾飞专门到黄宾虹家里住了半年。每当老师送客后回书房，坐到转椅上时，她就把平时画的画送给老师看。黄宾虹有时会指出问题，让她自己去改；有时会站起来把画铺到画桌上修改几笔，也会题上几句画论或评语。有一次，顾飞临了老师的一幅四尺山水中堂，黄宾虹指点完，在收拾画的时候，没有留意，竟将顾飞的临作当作自己的作品一起收起来了。黄宾虹的夫人在一旁看到了，说："唉，你怎么把顾小姐的画也给收进去了？"黄宾虹这才发觉自己收错了画。他对顾飞说："你的画，虽然画得不错，但是应该有自己的特色，不能总是临摹我的。你以后要多临古人的东西，光像了我，将来会没有自己的。”

晚饭后，如果没有客来，黄宾虹总会为顾飞讲解画学理论，叮嘱她不要为外界浮名利禄所诱惑。他还会在书斋四壁更换一些古代名迹，让她辨别画派优劣和真伪。

当时黄宾虹和张大千住在一起。张大千虽然擅画，但是不擅长写诗作文。张大千也很欣赏顾飞。那时，顾飞想跟张大千学画仕女。张大千说：“不行，我不能当你的老师，因为辈分不一样。这样吧，你教我作诗词，我教你画画。”在他的影响下，顾飞的仕女画也别具韵味。江南才子谢玉岑对顾飞的才气也很推重。顾飞和裘柱常结婚的时候，谢玉岑送了张大千的一幅画给他们。

在黄宾虹等人的影响下，顾飞深入画界，也成为中国女子书画会的一员。中国女子书画会一众闺秀，有的妆台倚镜，有的翠袖凭栏，说不尽燕瘦环肥，顾飞那时的岁月年华也绚烂得如梦如幻。

“女虎头”的民国才情

1932年的天中节，即端午节，26岁的顾飞在沪南半淞园举办扇面画展，丰富的画作，刷新了她年轻的履历。

半淞园原取名杜甫“翦取吴淞半江水”之诗句，风景繁盛，在当时，成为众多文人雅士的雅集之所，到此一游的必去之地。1920年，毛泽东曾在半淞园欢送友人赴法勤工俭学。在黄宾虹的调教下，顾飞出手自然不凡。她于半淞园的个人扇面书展非常成功，作

仿唐子畏山水　顾飞绘

品被抢购一空，当时的《金钢钻》曾出特刊报道此事，使顾飞一时间闻名海上，立时有“女虎头”等美誉，也成为半淞园的故园往事。曾去半淞园路漫步，想感受那时的点滴绘事，可惜只有路边的香樟绿影，提醒着这里曾经的白云苍狗。

特刊还特别介绍了顾飞的书法、诗稿、词稿，全面展示她的才情。我特别留意了顾飞的诗与词，别有风致。有一首题为《卜算子》的词，写得柔静雅致，与她的画尤有不同：“嫩叶未成荫，乳鸭池塘暖。几曲柔波薄似罗，约略东风软。　　淡绿锁幽窗，花外莺声乱。晓梦轻寒怯海棠，帘幕无人卷。”学养和诗心是中国画的根，那一代闺秀擅写诗话词话，文笔婉顺，如此笔墨，如此修养，着实让人缅怀。后来，顾飞又成为江南大儒、著名诗人钱名山的弟子，学诗到一定境界，形成一定的文化眼光，审美情趣自在其中。

黄宾虹门下的女弟子众多，有沅陵、赵含英、汪水清、顾飞、宋若婴、谈月色、朱砚因等人，一水的闺秀情致，各有各的特色。有心去查沅陵、朱砚因、汪水清等人的信息，可惜斯人往事都已消失在历史的尘埃中；而顾飞却成为其中比较突出的一个。也曾见到赵含英的一幅山水绢本，纤细含蓄，清丽婉约；顾飞却偏于莽莽苍苍的气势，一笔一画均是磊落之笔，颇让人难忘。这或许与顾飞的身世有关，也与她的性格有关。

顾飞的才情，让黄宾虹赞赏不已。他曾称赞这位文静端庄的得意弟子曰：“观其落纸风雨疾，笔所未到气已吞。”

黄宾虹与傅雷因她而结缘

1943年11月18日晚，宁波同乡会所在之处灯火通明。顾飞正在忙东忙西，布置展厅。她的先生裘柱常，还有傅雷伉俪也在一旁帮忙。第二天就要举办“黄宾虹八秩诞辰书画展览会”了。请柬已经发出去，却出了个小波折——会所在开展前一天晚上办了场婚宴，布展要在婚宴结束后才能进行。这个临时情况使得傅雷夫妇、顾飞夫妇等人都从18日晚起忙了一夜。第二天展览会正常举行，在场上招呼的是裘柱常和傅雷夫妇，有熟人来问宾翁得意弟子顾飞在哪里。正询问时，才见顾飞急急忙忙进了会场。原来她当时在一所中学上课，功课繁重，只得在课余抽空赶来。身为记者的裘柱常也是抱病坚持前来。来参观画展的人中签名的有600多人，没有签名的是这个数字的三四倍。见有这么多人关注老师的画展，顾飞不禁为老师的高年劭德、学艺感人而激动。

直到画展结束，傅雷才得空写了长信向黄宾虹报告展览当天盛况。

翻译家傅雷遗世独立，横而不流，曾致黄宾虹100多通手札。世人皆知国画大师黄宾虹认傅雷为知己，两人之间的忘年之交，堪称艺林佳话。其实这段艺缘最初缘于顾飞。

原来，顾飞是傅雷的表姐，从法国留学回来的傅雷，对国内画坛甚为不满。他无意之中，在顾飞家里看到黄宾虹的山水画作，颇为欣赏，于是便请表姐向黄宾虹代求墨宝，结果如愿以偿。1943年开始，傅雷与黄宾虹便有了直接书信往来、互赠作品，成就了这段

上　中国女子书画会成员合影

下　顾飞夫妇（右）与傅雷夫妇（左）在黄宾虹八秩诞辰书画展览会上

知音雅缘。1943年的“黄宾虹八秩诞辰书画展览会”正是由顾飞与裘柱常、傅雷等共同署名发起的，这也是黄宾虹的第一次个人画展，社会影响巨大，黄宾虹大为满意，曾致函傅雷表示：“……今次画展，得大力文字之揄扬，喜出望外。”顾飞成为沟通黄傅两人的艺缘桥梁，可谓功不可没。

这位别号“杜撰楼主”的闺秀才女，一直珍藏着黄宾虹寄来的八帧山水册页。展卷快读，给人以琼瑶之惠。顾飞一生低调淡泊，在纤纤素毫、幽幽墨香之中，化浊俗为清雅，变奢华为朴素，安静平和地过着素净日子。1955年，黄宾虹去世，顾飞于悲恸之中低吟“未酬青眼千行泪，空抱丹心两鬓霜”，以寄托对恩师的哀思。

顾飞老人高寿，其气质高雅，性情温和，是闺秀画界的一枝健笔。天增岁月人增诗书，下笔气势自然高华。“观其落纸风雨疾，笔所未到气已吞。”黄宾虹为她题的词，顾飞到晚年还铭记在心，每每默临一遍，那深情也是动人的。而其间所折射的世事变化，烟云沧桑，直让人唏嘘不已。

风华画缘

吴 青 霞　才 慧 闺 秀 虎 头 痴

江 南 蘋　古 雅 风 华 书 画 缘

庞 左 玉　欲 将 沉 醉 换 悲 凉

宋 若 婴　红 桑 沧 海 自 轮 回

才慧天生信有之，闺中下笔虎头痴。

常州星象苍凉甚，数到青霞女画师。

——钱名山

| 吴青霞　才慧闺秀虎头痴 |

“常州出了个女将军”

时已春节，江南的冬天仍旧湿寒。常州古运河畔麻巷的吴宅里宾客盈盈。小孩子穿红着绿，在厅堂里奔来跑去，好不热闹。

天刚现鱼肚白，画家吴仲熙的女儿吴青霞便已起床，连洗漱也顾不上，就一个人躲进书房里，在巾方纸上勤奋地画画。有好事者前去观看，原来小青霞正在撇芦苇。撇芦苇最见笔力，也最显功夫。有人劝她出去玩一会儿，她却摇摇头拒绝了。她始终记着父亲教导自己的话：“画花容易得梗难，写竹、撇芦、画梗，全赖笔下功夫，没有书法根底画不好。画是写出来的，不用功勤练，哪来笔力？”这诤诤告诫，直到耄耋之年，吴青霞还铭记于心。

吴青霞是常州人，存世的一张年轻时的小像中，她斜身正面，脸上浮着笑意，妩媚秀曼。父亲吴仲熙，精于收藏与鉴赏，也是有名的工笔画家，是江苏武进旭迟老人黄山寿的入室弟子。受过严父的教育熏陶，吴青霞的工笔画自是有法度，有气象。她12岁时，就参加常州赈灾义卖画展，腕下扇面，如一朵青云刚出岫，颇获时人赞誉。

吴青霞

吴青霞14岁时，画了一张《芦雁》图，一名商人看见后，非常喜欢，执意花四块大洋，买下了这张画。

1928年，19岁的吴青霞来到上海，设立了一个画室，每日勤奋作画，同时也以鬻画润例为业，开始在上海画坛崭露头角。

吴青霞的扇面画，一般爱署上"吴青霞""龙城女史""篆香阁主"等名号。有人见她年纪不大，却能画出如此笔墨老成之作，质疑她的绘作是由人代笔。吴青霞知道后，却也不争辩，只想找机会再澄清事实。

20世纪30年代初的一个秋天，正值秋高气爽，海上画派在上海宁波同乡会举办秋英集会，名家与新手同台绘画。吴青霞正好也参加了。会上，她见到张大千、张善孖等名人正在合作一幅《九秋图》。吴青霞性格活泼，上前就直爽地说："我也来画两笔。"在场的人见她是个新人，也从来没有见过她画画，担心她把画画坏了，不免小声嘀咕。吴青霞却不在意，她是人越多胆子就越大，也不顾忌别人的看法，提起笔来就画，很快在画上添了几笔花卉。等她搁笔，大家仔细一看，原来她绘的是一枝秋菊，正合画意，布局与章法也与原来的画面融为一体，众人纷纷称赞："想不到这个小姑娘画工如此了得。"

后来，吴青霞数次在画会上于众目睽睽下泼墨画画，毫不怯场，笔墨纯熟，气韵流畅，成为海上画坛一景，大家也对她的画技赞不绝口。吴青霞由此声名鹊起。喜欢她画的人渐趋多了起来，大家争相购买。其中，她的代表作《百雁图》《桃花源图》《洛神》

《五鬼闹钟馗》等画经常接到复订。同乡刘海粟夸道：“常州出了个女将军。”

“鲤鱼、芦雁、仕女”三绝才女

人在江湖，得有一绝。冰雪聪明的女画家，都深明此理。冯文凤的书法，陈小翠的仕女，顾飞的山水，谢月眉的花鸟，均如绢本古画，如蔼蔼微光，在沉静中散发古典的气息。

吴青霞不止一绝，她以“鲤鱼、芦雁、仕女”三绝行世，着墨各有得意之处：鲤鱼肥美而圆润，芦雁萧瑟而灵动，仕女典雅而有范。在父亲的指导下，吴青霞临摹宋人芦雁范本和参悟画法。后来，又学习清代边寿民的画法，作品渐成一宗。她画的芦雁，情趣细腻；芦苇线条既见挺拔刚劲，又有风中摇曳、婀娜多姿之势。芦雁纷落平沙，千姿百态，真可谓“气韵生动”。

早先的她，绘画作品多为工笔仕女。有一幅扇面，上面绘有一位隽秀的仕女，笔法工整细腻。画这样的工笔画，要静下心来，像绣花那样耐着性子画上几天。1942年8月的《女声》杂志，刊登一则题为“吴青霞女士之画房”的采访记录。在采访中，记者问女性适合画什么画，吴青霞稍一思索，根据自己多年的绘画体悟，谈了自己对绘画理论及绘画技法的看法。她说：“从古到今，妇女画国画以花卉为最多，山水较少，因为花卉须秀丽，而山水须有魅力，这也就是男女两性所差异的地方。女子画人物的也很多，可是出名的太少了。”据说，吴青霞的绘画润格很高，三尺绘画需大洋

《直上飞腾万里程》　吴青霞绘

左　《深芦息影》　吴青霞绘
右　仕女图　吴青霞绘

二十四元，这润格足以和男性名画家媲美。

吴青霞又以“鲤鱼吴”蜚声海上，让人很想拥有一幅以讨吉利。对锦鳞微物的关注，既来自一脉隐微的古典传统，也显示出画家所特有的精致品位。当时上海已有“金鱼先生”汪亚尘的盛名，吴青霞只比他小几岁，可以说是与他处于同一时代之人。但她并不惧汪亚尘的威名，而是创作出别具情致的金鱼形象。忽而一幅《鱼跃》，忽而一幅《九鲤图》，左看右看，横看竖看，吴青霞画的鲤鱼，怎么看都有鱼龙之态。也许和她出生于龙城气脉有些关系。龙城，是常州的别称。所以吴青霞有“龙城女史”的称号。她又有“篆香阁主”的别称。听上去，“龙城女史”富有气势，“篆香阁主”透着墨香，两种称号交错书写着她的绘画才情。

无事乱翻书，那些鲤鱼，那些芦雁，那些仕女，那些从书画册页中搜罗来的动人细节，已经鲜活灵动地记在了我的心里。

工笔画家当然不止于此，她还画群虾，画《西厢》，画观音大士，画东山丝竹，画松鹰，画罗汉……画家的绘画，其实呈现的是绘者的心境，迎光细看那些绘物，透出的是一个闺秀女子亘古未变的怀旧雅趣。

“画吴青霞第一”

中国女子书画会曾有那样古旧淡雅的光华，自然让人珍惜。其中，有“文学陈小翠第一，画吴青霞第一”之说。刘海粟称吴青霞为“全能女画家”，这是何等的高誉。

20世纪三四十年代，上海盛极一时的女画家群体成员开始各奔东西。有的走上工作岗位，有的为人妻母，中国女子书画会遂曲终人散，闺秀画家们在古典意义上的绘画，可谓弱化了许多。吴青霞却不坠青云之志，仍然篆香阁里映彩霞，继续从事她的绘画事业。难得的是，画册页之手有时也会画巨丈之幅。她在给郑逸梅先生的信札中，透露出曾“承天安门城楼管理处的邀请，创作一丈巨幅”的信息。信札是最贴心、最有暖意的，见字如见人。翻阅郑逸梅孙女郑有慧女史编的《郑逸梅友朋书札手迹》一书，吴青霞的书札影好看，能看出她会画，也会写。

斯舜威笔下详记海上画派一脉，有吴青霞浅淡的姿影与勤奋的画艺。女画家的逸事囫囵读遍，对其为人性情，也就大致有了些了解，从中可以看出吴青霞爽利的一点端倪。她绘画情结浓厚，在中国女子书画会成立之前，撷艺苑之精华的“蜜蜂画社”，就活跃着她隽永清雅的身影。而中国女子书画会一成立，从1934年的第一届伊始，她贪恋这份传统书画飘香的情怀，以清新胆识全力以赴地积极参与。后来，她又参加有力社、上海美术会等画会组织，以领衔者的姿态出现，也是驰骋于书画界的宠儿。

常州的青果巷，以其丰厚的人文底蕴，吸引人漫步其间，寻找它那恬静与幽深背后的故事。常州多名人，中国现代的美术史，就走出了刘海粟、谢稚柳这样的名家。作为一代闺秀女画家，吴青霞得当地山水的滋养，加之父亲的精心培养，龙城的影子和自身的诗书气韵便在骨子里生根，终生不去，龙城女史画名彰显是自然而然的事。白描添上工笔设色，绘画为她带来生命的一段风华，那样高华，那样瑰玮，让人尊敬。对这位龙城女史，常州人自然是宝爱不已，为她设立了艺术馆，收藏展览她的画，这是龙城人献上的一瓣心香。

鱼跃重阳日

对出生于常州毗陵的这位才女，我一直情有独钟。2016年6月，还是湿漉漉的梅雨天，我写了一篇关于吴青霞的文章，发给赵宏先生。他看后，立刻热心地回邮说，他年轻时和吴青霞很熟，相处甚欢，有一段艺缘。

二十一年前的赵宏，虽已三十而立，却少年意气，始终有感恩难忘的赤子情怀。乙亥秋日，他发起举办了一届“海上墨苑九老乙亥重阳会”，将吴青霞与李咏森、黄若舟、王康乐、施南池、曹简楼、赵宏本、厉国香、乔木“海上九老”会聚一堂。“海上九老”借着这次重阳之机，济济一堂，雅聚联欢。当时可谓琴瑟乐之，钟鼓相贺，一派生气勃勃的景象。雅聚欢会时，“海上九老”或题诗，或绘画，重阳挥毫，尽情尽兴，他们的珍品墨迹也就此留在了人间。

这次重阳佳会，吴青霞施展妙手，用秀出毗陵的画笔，画了一幅水墨清鲤，墨尾青鳍，涌出水面。鱼身圆浑鲜活，鱼尾略略夸张，益显得泼剌有力。这幅水墨小品《跃鲤图》，于姿态生动之中，蕴藉活泼妩媚的情趣。确实，吴青霞原就是画鱼圣手，又惜重阳感恩的人文传统，自然投以木桃，报以琼玉。

忆起当初请吴青霞参加雅聚一事，也颇有喜剧性。吴青霞身为名家，原年高事重，赵宏先是托人转话去邀请，她不明就里，没有立即答应。后来，赵宏去施南池家，邀请施老先生参加这一雅聚，恰好遇到吴青霞与施南池在打电话，当吴青霞从施南池口中得知了这件雅事，却又连连责怪说，怎么不让她参加？真是得来全

吴青霞在作画

不费工夫，这让一旁年轻的赵宏高兴坏了。

当时，吴青霞已80多岁，行动不是特别灵便，兴致却高，是众人当中的领头人物。说起来，她在“海上九老”当中，还不属于年寿最高的，当时李咏森已90多岁。但吴青霞是众人之中威望最高的，大家都敬重她，敬服她，愿意听从她的安排。

赵宏犹记得，“海上九老”当时是老去兴难减，聊发少年狂，度曲、吟诗、泼墨，个个兴致高昂。他也人前人后忙得不亦乐乎，连饭也没有吃上。吴青霞知道了，心疼这办事认真的晚辈，连忙从裤兜里掏出钱来，用沪语说：“我拨侬一些铜钿，快去买些吃的。”她待小辈那样周到体贴，直到现在，赵宏回忆起这一幕，还能深切地感受到她的那份真情。

赵宏也记得吴青霞过寿时的情景。那时她在医院过生日，不仅不收来贺寿者的礼，竟还为每位贺寿者发红包。以此方式庆寿，倒也别出心裁。

“海上墨苑九老重阳会”，一连办有五届。当“鲤鱼吴随之化作洁白的仙鹤飞入了无比灿烂的云霞之中”（恽甫铭语）后，“重阳会”的这桩雅愿也只好遗憾地画上了句号。百年一世纪，逝者如斯夫。吴青霞活至99岁，于斑驳陆离里沁出岁月的尊严，仿如古玉经岁后焕发出的包浆。

一花兼一叶，翩若见惊鸿。

抱此芳菲质，满君怀袖风。

——陈师曾为江南蘋兰花扇题诗

江南蘋　古雅风华书画缘

古画守望人

她形容清瘦，用薄绢蒙在原作上面，含蓄低头，默默地临摹复制着馆藏精品古画，整个过程小心翼翼，看上去，像是正在料理一件珍贵的瓷器。绘完宋徽宗赵佶的《柳鸦芦雁图》，再绘宋王诜的《烟江叠嶂图》，然后摹绘明文徵明的《春深高树图》，一幅接着一幅，那么仔细，那么认真，真可谓一位古画的守望人。

上海博物馆成了江南蘋晚年的人生福地。她在其中体会古人画笔的虚实疏密，在古画中体会柳鸦、芦雁、烟江、叠嶂、春深、高树的烟云风景，感受古人的高情雅趣，一件古画临摹复制完毕，她也完成了与古人的一次神交。从小喜欢绘事的她，虽在此过着云淡月冷的娴雅日子，却将之奉为人生的乐事。

江南蘋为人低调，不事张扬，与人相处也性情温和，容易打交道。她早年与齐白石、溥心畬等人经常雅集聚会，与凌叔华、陆小曼也熟稔如姐妹，又参加过中国女子书画会，与陈小翠、庞左玉、周炼霞等经常切磋画艺，可谓画坛艺苑的翘楚。中华人民共和国成立后，许多与她有相同经历的女画家，都选择去了画院，她却安

20 世纪 20 年代江南苹在北平书房

心待在上博，埋头古画的复制工作。在上博，她可以接触许多以前无法看到的古代名画原作。为此她还请柳亚子的外甥、篆刻家徐孝穆刻了一方“眼高手低”的印章，以此自勉。

复制古代名画，要达到几可乱真的效果是很不容易的，在用笔、用墨、用色等各种技法，甚至包括画上题字的书法方面，都要求很高，没有扎实的书画基本功是无法胜任的。

上海博物馆的许多复制精品皆出自江南蘋之手。她对临摹复制古画的把握犹如文人在诗词中对细节描写的把握，一点一滴，用细腻的心思更精密地去感受古人心中的烟峦云嶂。她这一阶段的精力全部花在复制古代名画上了。如此，一幅古代名画便有了两份，原作妥为收藏，复制品则用在平时公开展出。

她复制的多数是宋代绘画，先后为上博复制了宋徽宗赵佶《柳鸦芦雁图》、宋王诜《烟江叠嶂图》、宋李迪《雪树寒禽图》、明文徵明《春深高树图》等二十余幅馆藏珍品。尤其值得一提的是，她61岁时，为了临摹复制文徵明的《春深高树图》，竭力摆脱自己豪放深沉的笔墨个性，追摹文徵明端庄含蓄、苍润秀逸的笔墨特征，对照原件落墨、上色、做旧，花了七八个月的时间，终得《春深高树图》的形和神，同样的尺幅，同样的构图，连同用笔的错落、用墨的浓淡、印泥的颜色都复制得一模一样，连历经几百年的气候、环境变化而自然形成的旧有气息，也惟妙惟肖。两幅画作的唯一区别，仅是在光照下，其中一幅在画的下角多了一方隐约可见的“上海博物馆复制”铁线阳文印章。这幅复制作品，被上博原副馆长李俊杰先生称为“以假乱真”的“双胞胎”。

“二陈”女弟子

江南蘋的人生是书香与风雅的延绵。她出身于书香世家，原名江采，浙江杭州人，生于河南，幼时随父母迁苏州。她从小聪慧，好习书画，17岁时，全家别离水城，搬至北京。

人生得遇一位好老师是造化，杭县才女江南蘋却有幸遇到两位。先是昔年在北京跟随山阴籍画家陈半丁先生学画。虽只是浅浅学来，但文心可采，已形成个人简约秀美的画风。

她与半丁老人的师徒情谊可赏可嘉。有一次，陈半丁老人为江南蘋绘扇《春燕图》，画毕，误题雁诗。次日，江南蘋登门请教，笑问：“大雁非燕，老师其笔误耶？”陈半丁老人的画很珍贵，江南蘋当然不愿放弃，陈半丁立即题跋救之。跋曰：“老夫耄矣，误燕为雁。翌日息灯后记之。”江南蘋见了，不禁又笑着问道：“老师能于黑暗中挥毫耶？”陈半丁老人这才知道自己又出错了，但此时已不便再救，只好一笑了之。从中，可见江南蘋与半丁老人熟稔亲密的师徒情谊。

江南蘋另有一别称——“槐堂女弟子”，名号洒脱，让人想起袁枚的“随园女弟子”。“槐堂”是著名画家、金石家陈师曾的号。

江南蘋学画不久，在某次绘画集会上，大画家陈师曾看见江南蘋执笔作画，认为她是可造之才，愿收她做入室弟子。陈师曾慧眼识珠，既发现了齐白石，成为一代名家生命中的贵人；又一心栽

江南蘋吹笛

培才女江南蘋，希冀她能成为女弟子中的翘楚。他曾为其亲刻一方白印，即名“槐堂女弟子”，女画家的艺品画技，只此一枚印章即可略知端倪。江南蘋常去陈师曾的书室“槐堂”学书习画，年深日久，薪火传承，终成为动人的往事风景。

在北京时，陈师曾鼓励她挂笔单卖画，可以教学生，江南蘋也就成为较早有润例的女画家。这也表明，她的爱书画已不再是闺秀闲暇时自娱自遣的一种方式，而是作为个人艺术事业的追求，以鬻画获得经济和人格独立的选择。

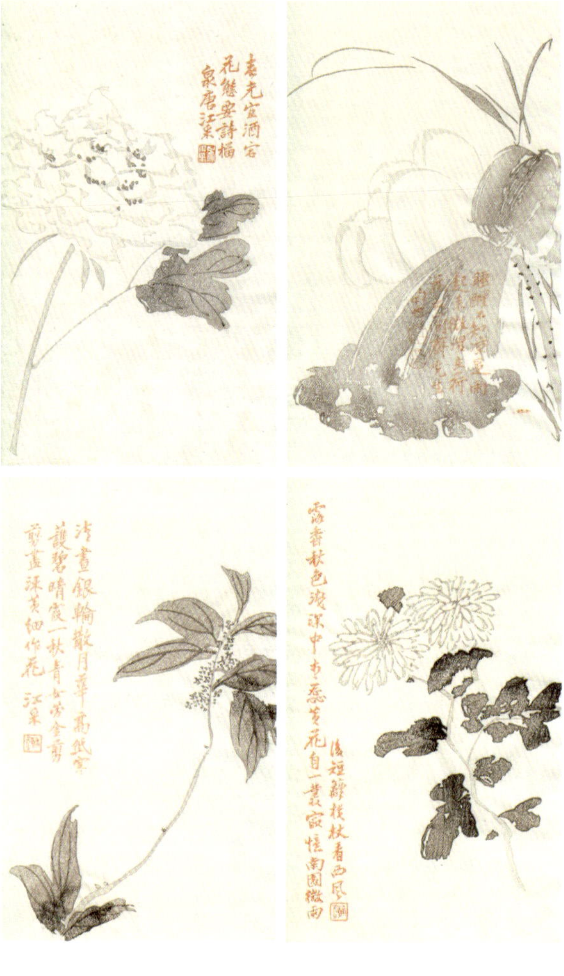

《北平笺谱》　江南蘋绘

《北平笺谱》唯一的女画家

“蕉声不因雨，月色已如霜。”“梅花如月月如人。”回眸江南蘋题在《北平笺谱》中花卉笺上的诗句，令人感慨旧时月色，依然清辉动人。

1925年，时年24岁的江南蘋为琉璃厂清秘阁作花卉笺十幅，分别为“篁竹笺”“蜡梅笺”“蕉叶笺”“牡丹笺”“荷花笺”“梅花笺”“秋葵笺”“桂花笺”“菊花笺”“蕙兰笺”，皆水墨写生之作，虽为折枝小品，一花半叶，却也生动传神。款识书法俊健古雅，颇有一些吴昌硕的韵致。尤为难得的是，数年后，这些花卉笺被选入《北平笺谱》，给我们留下了颇有价值的文化遗产，值得后人赞赏与追慕。

江南蘋的花卉笺谱，虽属短笺小景，却仪态无穷，与齐白石、王云、陈年、溥心畬、吴徵、萧愻、马晋等人的作品一起收入《北平笺谱》之中。她的这十幅“花卉笺”，均采用上等宣纸彩色套印，收在《北平笺谱》第六册中。清秘阁是一家老字号画店，位于北京琉璃厂文化街，此处为书画界人士云集交流之所。其名流传至今，已有650余年的历史。时值近代，鲁迅先生较早光顾的南纸店也是清秘阁，他在日记中也多次有记载。他曾在清秘阁花了四块多银圆，订购过林琴南的山水写意画。著名书画家陈半丁、溥心畬、王雪涛、吴冠中、黄永玉、白雪石、董寿平、何海霞等人与清秘阁都渊源深厚，曾为清秘阁题词作画。

可与清秘阁打起交道来，却颇为不易。郑振铎在《访笺杂记》

江南蘋抚琴

中，叙及一段小插曲：选笺既定，第二步便进行交涉刷印。淳菁、松华、松古一口应承；荣宝、宝晋、静文诸家，起先不肯，后在郑振铎的说服下，均同意刻印，独清秘阁态度最为顽强，交涉了好几次，不是说百部太少不能印，便是说人工不够，没有工夫印。总之不理不睬，让郑振铎当时“颇想抽出他们的一部分不印。终于割舍不下溥心畬、江采诸家的二十余幅作品。再三奉托了刘淑度女士和他们商量，方才肯答应印。而色调较繁的十余幅蔬果笺，却因无人担任刷印而被剔出”。可见江南蘋的这十幅花卉笺多么珍贵。

江南蘋的花卉笺，由清秘阁特制后，那瘦竹、新葵、清蕉、幽兰，是那么清雅闲适，散发出旧时月色的清气。那一水深秀的墨迹，如出岫闲云，显示着闲适疏淡之趣。仔细赏品花卉笺的静雅气质，格外令人心仪。遥想当年风华，追忆江南蘋与《北平笺谱》的这段雅缘，穿越历史的风尘，我们仿佛能感受到那十幅花卉笺内蕴的文人情意，引发对中国传统文人悠闲雅致生活的向往，也标榜着这样一位女画家的人生痕迹不同凡响，值得深念。

草木不知桑海事，又将红紫斗繁华。

——庞左玉

| 庞左玉　欲将沉醉换悲凉 |

庞氏文脉，吴兴才女

时值腊月，天气清寒。湖州南浔庞莱臣府内，年轻的庞左玉长相清秀，正埋首于一堆古画之间，时而赞赏，时而叹服。有一幅缂丝画《莲塘乳鸭图》，引得她不由得凝神细看：一池春水中，朵朵荷花绽放，成双成对的野鸭、白鹭忙着秀恩爱，一旁嬉水的乳鸭更是可怜亦可爱。

这是庞家旧藏。庞家名列南浔“四象”之一，庞莱臣的收藏富甲一方。尤为难得的是，庞莱臣对庞左玉这位从侄女视如己出，此时，他正一一展示家中收藏的宋元明清珍贵字画，让她学着鉴别和临摹。

对庞左玉而言，能看到这些书画真迹，无疑是真实不虚的繁华过眼录。说来也巧，那时，樊少云之子樊伯炎也在庞家，一方面临摹研习古画，一方面代笔应酬。庞左玉和樊伯炎在庞家得以相识，后保持翰墨之交近二十年。直到樊伯炎夫人去世后，两人才结为伉俪，成就一段书画情缘。

庞左玉的名气没有陆小曼、吴青霞等人响亮，仿佛是深藏着的

庞左玉

一位幽僻闺秀。她的简历看似简单，但每一笔都有不凡的背景，天生有流连书画园地的闺秀资历。

庞左玉的起笔是高的。闺秀大多出身不凡，不是书香，就是世家。中国女子书画会的成员，大多出身于名门望族、书香世家。如顾青瑶为清代著名画家顾若波的孙女，潘静淑为吴湖帆的妻子，樊诵芬是画家樊少云的女儿。她们又大都拜名家良师为师，陈小翠受业于冯超然，顾飞师从黄宾虹，李秋君受业于张大千，陆小曼受业于贺天健，鲍亚晖师从王一亭，潘志云受业于吴湖帆等。可见画坛闺秀真的是要讲点条件的，有家学，有才情，有名师受业，才能在擅书画这一路上行走得更远。

庞左玉为湖州庞氏家族中一员，是收藏家庞莱臣的从侄女，庞莱臣的书画收藏被称为“甲于东南”“私家收藏之富为全国冠”。庞左玉天生就可以在这些字画里怡养心神。

她还曾在上海新华艺术专科学校学习。这所创办于1926年的艺专，人才荟萃，在近代美术教育史上享有盛誉。黄宾虹、徐悲鸿、潘天寿、颜文樑、徐朗西、关良、张充仁、丰子恺、唐云、陆抑非等都曾于此执教。它以绘画为中心，画出了一个书画群体的同心圆。在艺苑芬芳之所，庞左玉所受熏陶自然不会落俗，所获颇丰。

庞左玉还拜永嘉奇才、画家郑曼青为师。郑曼青一生传奇，人称“诗书画医拳”五绝，他的花卉自然也了得，笔墨浑厚俊逸，清超脱俗，有徐青藤、陈白阳的古意，宋美龄也曾拜他为师学画。据说，宋美龄学了不久，画出来的画就让圈内人惊叹不已。

古典婉约的师学背景，加上庞氏文脉、南田艺趣、宋元笔法、闺秀韵味的熏陶，看似平淡却又荡漾着艺术情韵，注定庞左玉在绘画上有不逊于人、特立独行的一面。既如此，再看她那一手带有宋元风致的画作，让人忍不住流连忘返。

庞左玉早年曾弄潮于中国女子书画会，又系“清远艺社”成员，在这样的风致熏陶下，她腕下的花卉、虫草也有一股清贵之气，有着清俊和嫣美，蕴藉和温润。

再看庞左玉的画作，写秋园，写虫趣，写荷花，写紫菊，寄寓的是那一点闺情——她的《岁寒三友》，笔致工稳，设色淡雅，悠然清新，可见出烟雨江南之美；她的《荷花翠鸟》，真是风神秀雅，满幅清丽的花与叶，脱尽尘俗。

在1960年成立的上海中国画院首批画家中，有九位女性占一席之地，庞左玉顺理成章地与陆小曼、陈小翠、周炼霞、吴青霞、李秋君、陈佩秋等人并列。她的影响力可见一斑。

“口没遮拦”的画院闺秀

吴兴才女庞左玉的得意之笔，是将上海画院的各色人物以大观园中人作比。如将周炼霞比作多姑娘；陈小翠因性情孤洁，不喜与人多交际，被她比作妙玉；她还将唐云比作宝玉，叶露园比为袭人，贺天健比为焦大等。说法像戏谑的遣兴小品，与她淡雅秀逸的闺秀才情何其悬殊。时代虽远，但也能感受到她那股才思敏捷的戏谑语调。

花鸟扇面　庞左玉绘

《安持人物琐忆》一经出版，风行一时，有史，有识，睡前读读，自是乐事。陈巨来月旦评民国人物，记有庞左玉的若干逸事，可借此书追寻悠悠往事。

在陈巨来笔下，这画院微观的生活颇为有趣。她的"瑶草庐主"的名号，倒让我想起《红楼梦》里稻香老人李纨，可以一比。可陈巨来偏偏说她"口没遮拦"，把她比为"史湘云"，她倒也全揽了下来，"认为甚似"，大方得让人佩服。

画院之类的机构，在一般人的眼里向来是清幽雅僻的所在，毕竟有春景，有夏花，有秋凉，有冬色。有一张20世纪60年代的相片，是庞左玉与侯碧漪、吴青霞、陈佩秋、周炼霞等人的合影。这拨女画家，一个个性若冰雪，才擅咏絮，围聚一处，一起观书赏画，讨论题跋，流连精品，真有难得的雅集之乐。仿佛一个个可以结成知己，可以成为腻友。真正是海上风华，花开不败。

实际并非如此。吴青霞是吴青霞，庞左玉是庞左玉，陈小翠是陈小翠，陆小曼是陆小曼。一个个都那么棱角分明，不仅写字画画，自成一范；而且闲闲淡淡，没事就斗嘴玩，给后人那点绮丽的想象“泼了凉水”。

闺秀之间的微妙情谊，永远让人难以捉摸。不论她们的画作如何清雅秀远，但身处世俗之中，却不可避免地会有俗人之情、常人之态。庞左玉有一张侧脸像，五官轮廓像位洋女子，风韵却可以说是严妆的少妇，端凝整饬之余，在眼梢间漏下一丝笑纹，确有清雅意蕴，显出那温柔敦厚的情调。我原以为她是气质沉稳、眉目疏朗的女子，实则不然。这位闺秀才女，写字画画之余，还喜欢开开玩笑，戏谑他人一二。

庞左玉说人论事，总是东一搭西一搭，有正经没正经，从古到今，从雅到俗，有时不动声色，有时又义愤填膺。那么缜密的心思，那么戏谑的措辞，令人不禁怀疑，如此跳脱，再怎么闺秀范儿，也是要打折扣的吧。可读她的书画小品《迎春图》《牵牛花》《姐妹花开半天红》，运笔恰似闺秀那样灵秀；我一连读了三遍，一点读不出俗态，一味风过水静，娟秀雅致，可入清贵一格。

薄命才女，自杀谢世

庞左玉天生是乐观的，举手投足间既不乏世家之气，更有一种不让须眉的爽朗。自1934年中国女子书画会成立，庞左玉一直积极而热情。她除了参加女子书画会的画展，还多次开个人画展。她与闺秀女画家们通过画展来展示自己的才情，宣传自己的作品，以使自己在经济上获得独立。

据庞左玉的儿子樊愉先生介绍，20世纪五六十年代，上海各领事馆的外交官太太们学画中国画，都是由庞左玉上门教授的。庞左玉还为搪瓷工艺品绘制画稿，颇为时人所喜：

> 六十年代，我母亲还去搪瓷工厂画脸盆、暖水瓶，在布厂给印花布点花心，因为当时的印花布上的花心不能拿工业用黄色涂料去点，容易腐烂，所以就让画家用赭石去点花心。这个工作看起来辛苦，我母亲反倒觉得很轻松，因为不用动脑子，就是手上的动作，又能和工人聊天，挺开心的。我母亲画的几个脸盆，我现在都还保存着。其实，对他们来说，自己的画作能在工业品上出现还是蛮新鲜的，以前几十年从来没有遇见过这种事情，所以他们还是挺乐意的。

可惜的是，女画家狷介高傲的品性，就像麝脐之香，无从掩藏。“文革”期间，庞左玉仍不改画院闺秀促狭性情，多言而快语，她的性情那么刚烈，怎能受屈辱，于是选择了跳楼以绝性命，成为薄命才女。

庞左玉生于1915年，卒于1969年，其间所折射的世事变化，烟云沧桑，直让人唏嘘不已。沉郁的悲情比淡淡的哀愁更令人叹息。

“草木不知桑海事，又将红紫斗繁华。”庞左玉的题画诗，水云乡般清远透明。毕竟是有旧学修养，随便写上几笔，都显得情深意浓。

他平生最爱黄山，故自刻一“黄山山中人”印。

——宋若婴评黄宾虹

何物羡人，二月杏花八月桂；有谁催我，三更灯火五更鸡。

——黄宾虹绝笔诗

宋若婴　红桑沧海自轮回

“春阑时节又逢春”

有一年冬天大雪，雪后的景色特别美，黄宾虹带着妻子宋若婴和侄女赴西湖赏雪。

杭州因是平原地带，像一个大花园，处处皆是景致。黄宾虹告诉妻子，苏堤是纪念苏东坡的，白堤是纪念白居易的；还有灵隐寺飞来峰的特点，以及其中的佛教故事，都一一讲给她听。一个侃侃而谈，一个细细聆听。那段时间，夫妻二人整日在湖中泛船。

有一天薄暮时分，他们在金沙港、岳坟一带泛舟。好一派“斜晖脉脉水悠悠”的晚景，黄宾虹说：“杭州地方真好。”宋若婴接着说：“最好住家在杭州。”宾虹先生感慨地说：“可是住在杭州地方也不是简单的，我们是没有条件住在这里的。”

宋若婴望着夫君宾虹，心里不由得涌起深深感慨，并暗自下定决心，要风里雨里一生追随他，任由红桑沧海自轮回。

宋若婴之于黄宾虹是一个意外，也是人生难得的情缘。与出身书香门第的众闺秀截然不同，她并无显赫高贵的身世。宋若婴是安徽无为人，父亲是一个小工艺品商人，以做金银首饰为业，她

20 世纪 40 年代黄宾虹、宋若婴夫妇（左）与傅雷、朱梅馥夫妇（右）在杭州栖霞岭宾翁处合影

有兄弟四个，哥哥也会做金银首饰。家里的日子过得十分拮据。十来岁的时候，她被人拐卖到了上海，被一个苏州籍邵姓鸨母买下做干女儿。

黄宾虹原配夫人洪四果连遭丧子丧女之痛，加之不适应都市生活，不能常居沪上，故无法尽心照拂黄宾虹先生。1913年年末，洪四果从上海回安徽歙县老家，临走前嘱咐黄宾虹不妨再续纳一人。

1920年，经朋友介绍，57岁的黄宾虹认识了宋若婴。是年深秋，黄、宋二人结为秦晋之好，成为一对有传统情调、举案齐眉式的夫妻。对宾虹先生来说，这正是花落枝头再开花，春阑时节又逢春。而对宋若婴来说，人生也是别开了另一番天地。

那时宋若婴16岁，个头高高的，微胖，人长得富态，显得厚道，干活也很麻利，闪出几丝文秀的灵韵。黄宾虹颇为满意，给新夫人取了一个颇有意味的名字：宋若婴。

宋若婴人有福相，也有福气。民国书画闺秀，不是出身名门，就是书香世家，对于她们来说，吟诗、作文、画画都不难。不同的是，黄宾虹初见宋若婴时，她不过是一个扫地干粗活的女子，是以粗拙的面目出现的，可经过调教，她竟然有了灵性，能识字，能读书。再后来，她学会了写字、作画、刻印。吟诗弄画的灵气那么高，不可不说她有十足的天分。于生活方面，她更是得心应手。回歙县没几次，她就学会了徽州话。她爱学烹饪，出嫁不久，就能操办宴客的酒席。大夫人洪四果去世后，黄宾虹未能返歙，她带着诸儿女回乡里料理后事，出门摔盆、上山殓葬、牌位点主入女祠，一一代夫尽礼，有条不紊，为人所称赞。

宾虹先生是一代大家，应酬颇多，有时朋友来访，如果正赶上黄宾虹不在家，宋若婴便会出面接待，与来访客人谈论文学、绘画，甚至还能说出黄宾虹对一些问题的见解。

在一众“夫唱妇随”的女画家中，宋若婴犹显不同。黄宾虹是画界一道苍茫的风景，值得她用一辈子的时间，努力融入他那浑厚华滋的艺术世界之中。

宾虹先生的得力助手

人生得遇又博学又慈爱的老师是造化。宋若婴真是幸运，她与黄宾虹既是夫妻，也是师生。她是黄宾虹众多女弟子中的一个。

在宾虹先生的调教下，宋若婴细心看，细心学，细心摹，文化水平越来越高，对书画艺术方面的事情也越来越通晓，渐渐成了黄宾虹的得力助手。黄宾虹经常撰写书画方面的文章，发表之后，宋若婴会立即剪下来贴在一个册子上，一是作为积累，二是便于查询。1926年左右，为振兴中国画学，黄宾虹发起组织“中国金石书画艺观学会”，并着手创办《艺观画刊》和《艺观》杂志。宋若婴与陶鹤亭之女陶明霞、虞洽卿之女虞澹涵、谈玲君等中国女子书画会的女画家，也均为发起人。

宋若婴颇为细心，将当时的章程也粘贴起来，黄宾虹在他自己主编的《美术周刊》上所撰部分文章也因剪报而幸存下来，这份史料也揭开艺观学会一些鲜为人知的内情。她每天跟着一起忙里忙

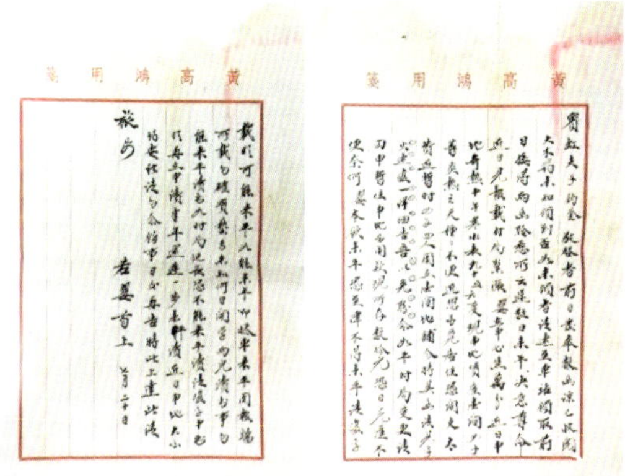

上　宋若婴致函黄宾虹信

下　宋若婴与黄宾虹

外，又是拟章程，又是约来稿，而且还兼做学会的"书记"等事。宋若婴除照顾黄宾虹的生活外，也参加书画会的活动。她与黄宾虹的女弟子朱砚因、赵含英，以及侄女黄映芬，均为书画会初期成员。在中国女子书画会上，常可看见她热情穿梭的身影。

她对宾虹先生可谓体贴入微。黄宾虹山水画中，于用墨之外，用色，特别是绿色最为突出——画中所用石绿，乃是以前清官员之朝珠，皆由她悉心研磨而得。磨石绿其实是很苦很累的差事。朝珠坚硬，研磨起来，甚是费心费力。先要在碾臼中碾碎，再细磨成粉末，颇费很大力气和时间。黄宾虹闲暇时，还会自制一种印有"中国艺观学会仿宋纸"字样的宣纸出售。这是一种用九分水、一分生豆浆兑配液刷在纸上做成的半生半熟的宣纸，将宣纸打湿以后，放在床的棕棚上晾干，宋若婴也会帮黄宾虹做这类杂事。宋若婴一心一意协助宾虹先生的画事，由此可见一斑。

1932年秋，黄宾虹所在的神州国光社由广东的一些朋友筹集资金，准备扩展规模。趁这个间隙，黄宾虹与朋友吴一峰一起乘船入蜀，一方面游览写生，一方面讲学授课。然而此时恰逢四川军阀刘文辉、刘湘之间厮杀，闹得民不聊生。消息传来，宋若婴甚为担惊受怕，立即写信问询。

有一次，黄宾虹见宋若婴写的信里，字迹强硬，没有温和含蓄的气息，心里不免有所想法。于是，他立即写了一封回信，说无论写字作画，皆要舒和润泽为宜，劝年轻的妻子平时多加练习小楷，以此来陶冶静雅的心境，以求养成温顺的性情。宋若婴读到黄宾虹的来信，心里自然不肯服输，对夫君的谆谆教导，铭记于心，将小楷练习当作日课来做。

此后，黄宾虹每次出行，总是不忘时时写信告慰宋若婴，或谈途中景象，或忧人民生计，或虑当局缺失，或聊画坛人事，或询家事费用，可以说无所不谈，是引夫人若婴为知己。只是家信中，宾翁为免妻子的牵肠挂肚，避而不谈成都巷战一周的险恶，只将战事轻轻一笔带过。画家笔下的深情告慰，让人难忘。来鸿去雁之中，宛然可以看出两人的那份深情。

黄家的一切事务，都是由宋若婴操持。后来举家迁居北平，然后又到杭州定居，宋若婴一直在黄宾虹身边照料，把寻常日子过得儒雅，清简，别有滋味。黄宾虹年龄越来越大，宋若婴对他越发呵护有加，软语柔言，做可口的饭菜，帮助他洗脚、洗澡、换衣，在黄宾虹情绪不佳时还要耐心劝慰。其情其谊，让黄宾虹甚是欣慰。

延续宾虹先生的生命画卷

黄宾虹去世后，宋若婴的缅怀绵绵无尽，也是独特的。1962年的冬天，距夫君去世已七年，大寒后二日的这天，窗外雨雪霏霏，她手拈钢笔，写下一万六千字的回忆录，细细密密，记录了夫君的勤勉人生，也记录了自己相陪相伴的往事。她事无巨细地记述着曾经的寻常生活，读书、画画、收藏、饮食……往昔游历上海、北京、杭州、峨眉、黄山的情景无不一一再现，点点滴滴都值得怀念，自然也可窥见她相随的影姿。

（自商务印书馆辞职后）在这一段时间内，早晨总是在家看书作画。早晨起来先写字后作画，偶尔练习拳术，下午去古玩商场料理些事务。应酬事情也很多。晚饭回家吃时，我给他准备些酒，因为他爱吃酒。平时吃菜仅二只，过节日允许准备丰富的菜。饭后总是作画至十时左右才休息。

从这篇回忆录里可以看出，她对黄宾虹的照顾是无微不至的。黄宾虹的起居、用度、交游，无一不在她的考量之中。比如她记有一事：高吹万曾经邀请夫妇二人去松江游。高君在松江辟有一座花园，布置十分精巧。到达那天，高君请他们吃螃蟹。饭后在花园内玩耍，后半天都在附近山上游玩。回到上海后，黄宾虹一时兴起，就想迁居松江，在那儿安家。可是宋若婴却体贴细心地考虑到，那边环境虽好，但是生活却十分不便，就没有答应夫君的这个提议。

黄宾虹曾问宋若婴："你都如何回忆我？"如今再重读这篇回忆文章，平实文字中，既有琐事，也有深情，更藏怀念。

虽然老调重弹难免不再扣人心弦，但宋若婴于黄宾虹逝去之后的举动，仍是让人赞赏。对于黄宾虹的过世，宋若婴内心悲痛，但她依然打起精神，秉持黄宾虹遗愿，偕子女将黄宾虹的遗作及其所藏文物共计万余件全部捐献给国家。1958年3月25日，在黄宾虹逝世三周年之后不久，宋若婴又将家中留作纪念的黄宾虹的书

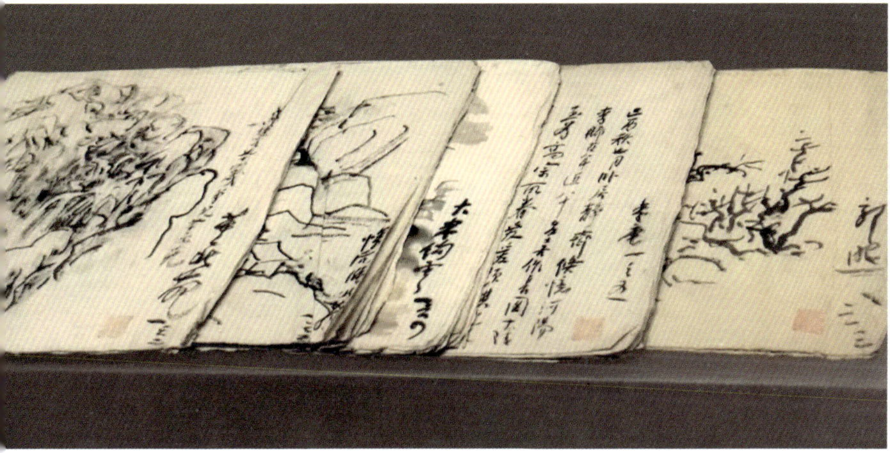

宋若婴将黄宾虹的书画作品捐给了浙江省博物馆

画作品和其他文物近300件都捐给了浙江省博物馆，此举仿佛延续着黄宾虹与他的生命画卷。

艰难中不失清雅风度，平淡中尽显温和气质，以此来形容宋若婴是恰如其分的，如她这般饱含艺术修养又朴实的人，实在是闺秀清流里的不凡人物。

风致旧影

周炼霞　高雅风致仕女情

李秋君　欧湘馆里的红颜往事

厉国香　宁波才女的花痕叶影

贝聿瑶　红苹女史的前尘旧事

几度声低语软，道是寒夜犹浅；早些归去早些眠，梦里和君相见。

丁宁后约毋忘，星华滟滟生光；但使两心相照，无灯无月何妨。

——周炼霞《西江月·寒夜》

淡画满庭芳，遥唱春云愁，不买胭脂点绛唇，本色何由褪。

玉笛一丝风，吹过声声慢，似说无愁可解嘲，且斗樽前健。

——周炼霞《卜算子》

| 周炼霞　高雅风致仕女情 |

与江南才子的医药情缘

晚春日暮，墨影呈祥，看周炼霞的花鸟草虫、娴雅仕女，典型的工笔画作，有才气，有笔力，渲染出一派温文有致的氛围，有种玲珑剔透的意蕴。

不由得想起《牡丹佛手图》，这是她赠洪丕谟的酬谢之作。

从表面上看，这是一件《牡丹佛手图》，有国画的淡雅意境；细究开来，却原是一幅“妙手回春”图——画上佛手暗寓“妙手”，牡丹提示“回春”。画上还有题诗：“折枝试写牡丹红（洪），配墨（丕谟）施朱趁晓风。妙手拈来一微笑，回春有力夺天工。”诗后又有题款曰：“丕谟医师嘱画，螺川炼霞并句。时丁巳春分后二日。”画好，字好，题诗更好。诗中“红配墨”亦谐音“洪丕谟”，可见作者笔尖轻轻一蘸，气韵清新，满纸轻灵。

周炼霞擅写嵌名诗，这并非孤例。她曾为金山诗人白蕉绘扇，兴之所至，扇面上绘有“雪蕉残月”，并题有一组四绝诗。白蕉名为复翁，与周炼霞同为蒋梅笙门人所结之社的梅社社友，她不仅绘有“明月雪蕉”，暗扣“白”“蕉”二字，又题了一首四绝，诗意也处处

周炼霞

暗合复翁名字，博得复翁先生温文一笑。可见她的蕴藉情致。

周炼霞活跃在文界、画界，作诗文、绘国画以示“风怀”，与很多文人画家均有交往，如吴湖帆、冒鹤亭、谢稚柳、许效庳、瞿兑之、张大千等人，浓淡繁简，来去随意。

其中，她与洪丕谟的这段书画情缘，不脱率真，颇有值得书写的兴味。手头有本《洪家书画收藏选——书画情缘》，洪家即指洪丕谟。洪丕谟是有名的江南才子，擅医、擅画，同许多名家都有交往，书画收藏颇丰。其子洪运在《〈书画情缘〉真情无限》一文里说：“这是一本集结从曾祖父洪益三到父亲洪丕谟祖孙三代名家书画友情收藏的汇集。”书中收录了上至梅调鼎书赠女婿洪益三的对联，到赵叔孺、陆小曼、江寒汀等师友绘赠洪洁求的佳作，再到丰子恺、陆俨少、唐云、启功等书画家赠洪丕谟的精心之作。周炼霞的《牡丹佛手图》即收入其中。

难得的是，书中还收藏有周炼霞的一封信，信中写道：

洪医师：

很久不见，您好！本月二日单车访，不遇为怅。现因弯腰别伤筋络，痛得厉害，要请教您治疗，给我挂一个初诊号。同时并请面示我的朋友几点钟来看病最合式（适）？非常感谢。

此致敬礼。

周炼霞拜手

即日

这封信件写于“文革”之中，具体年份今已无法考证。当时洪丕谟在徐汇区新乐路地段医院（南昌路504号）中医内妇科看诊，有时兼看伤科。这封信记载了周炼霞弯腰扭伤求治的情况。后经洪丕谟的诊治，周炼霞获得痊愈，也是一段医缘。为了感谢洪丕谟为她疗伤，当时在上海中国画院专事丹青的周炼霞，送了这幅《牡丹佛手图》给他，以作纪念。

坊间流传的多是周炼霞如何吟诗作画，如何与人酬唱席间之事。这段就医情缘却见出她质朴的日常生活，温润之人朴素清醇的气质宛然可见。

金闺国士写小说

当时记得曾携手，人醉花扶，花醉人扶，羞褪红香粉欲酥。而今只是成相忆，灯背人孤，人背灯孤，千种思量一梦无。

民国时期蜚声海上的周炼霞，在螺川诗屋写下的这阕《采桑子》，其中“人醉花扶，花醉人扶”两句，如古微佳句，写出汉语之流风回雪的魅力，为此，她也赢得了“再世易安”的评价。

周炼霞当时与苏青、张爱玲、潘柳黛等齐名，她富有才气，机敏又诙谐，书画诗词都有相当造诣，点缀当年女作家其间，使文人画面充满了无限生机。相比她的“炼师娘”称号，我更喜欢她的另一雅号“金闺国士”，经营出的是旧时闺秀的意境与身份。

《牡丹佛手图》　周炼霞绘

意境幽深的字画真的可以相对话旧，意蕴幽深的女子也真的可以深入对白。也是因了编书有些浅缘，2008年，我曾经编辑过陈学勇、王羽编的“伊人丛书”系列，其中的《太太集》一书，收有周炼霞的两篇小说——《宋医生的罗曼史》和《佳人》，笔墨虽有点繁复芜杂，但笔尖下的世情历历，记录了那个时代青年男女们悲戚庸常的婚恋日常。

书中收有近十几位女作家，一拨民国女子，或端庄典雅，或清新秀气，但用于书封的照片，却是周炼霞。所选照片不是那种常规的比例，而是一个放大了的头像，有点类似月份牌的风格，那细淡的眉形，有一种旧时女性的典范意味，同时，也算是对那个时代繁文缛节的写照。她眼神温婉，看上去极其妩媚娴静。那时我对周炼霞其人还颇觉陌生，了解她的人生经纬也是因编书得来。后来才知，她才貌双全，高雅风致，人称“金闺国士”。她出现在世人视线之中，是一个惊艳的传奇。

她还写有一篇小说《遗珠》，文笔用纯熟的现代文，比喻新奇，很有时代气息：

> 每天有个梳着大辫子的姑娘，横着身子，坐在这垂枝上；惯常低着眼皮，让晶莹的泪水和长睫毛，在太阳里耀着金光。有时痴望着山下的农作者，像无数的小动物，浮沉在茫茫的绿海中。直到西边的远山，吞没了太阳最后一丝的余晖，她才懒洋洋地，赶着一群小山羊，慢吞吞地回去。这时绿海中的小动物，已散得不见了。只有飘落在晚风中一丝两丝的语音：“哦！张家的养媳妇赶羊回去了……天晚了啊……”

读周炼霞的小说，不由得会体味女书画家的深厚气韵，娟丽的闺秀影子若隐若现。再看她的题画诗，白描温润，寄托深远，不是流连光景——诗、画、文三绝，让人慢慢懂得画家的那层文人襟怀。周炼霞的雅趣，在于不仅有诗文互证，而且有诗画互证，更可见她的冰清明澈之心。我喜欢她的小说，又清新，又明净。她的文风和画风气息相通，有着极其丰富的内涵。

流金岁月里的诗与画

由书画与文人画家结缘，颇有嘤鸣之雅趣，这是后来读者的幸事。《洪家书画收藏选》中还有周炼霞为唐云兰竹册页的题诗，可谓吉光片羽，弥足珍贵。

其一：

修竹幽兰绕玉阶，谁家名种乍移栽。
墨痕点破春深浅，犹带西湖细雨来。

其二：

万个清森九畹新，知君胸次有阳春。
衔杯近接东风暖，吹出古香能醉人。

周炼霞少女时代曾从宜兴才子蒋梅笙学诗，后来又随晚清词

周炼霞（左三）与张大千、李秋君、顾青瑶等人的合影　1946 年　上海

家朱孝臧学词，与诗词有如此绵长幽深的关系，又深得文林正脉之传，能写出这般有才情的诗句也是理所当然。将画画、写诗、填词、写小说集于一身，我们从这位闺秀女画家的身上，看见了一种奢华的展示——只是，吟诗、作文、画画都不难，难的是诗文丹青能清新高洁，笔尖不染半点俗尘。

周炼霞曾经应冯文凤之邀作《浣溪沙》："铁划银钩下笔迟，闺中尽日只临池。前身合是右军师。　　海外奇葩归素腕，岭南才气属蛾眉。更看风格比琼枝。"她称冯文凤为"仁兄"，闺阁情谊中透露了她的才情与性情。

中华人民共和国成立以后，周炼霞不再继续文学创作，而画作题材也由仕女图转为关注现实生活。学者陈学勇先生说她曾有一幅画"仿佛薛宝钗操刀作孙二娘状"。让人难以相信，她曾也写过婉约如"但使两心相照，无灯无月何妨"的诗句。不过，这曾有的闺阁闲愁确是一去不复返了。

秋雨潋滟品诗画。周炼霞年轻时翠袖凭栏，倩影迷蒙，被人誉为"本身就是一幅仕女图"，直到古稀之年，她亦风韵犹存，予人温润而淳雅的遐想。可惜的是，她于"文革"期间一目失明，曾低吟"目眇眇兮愁予"，又治"一目了然"的闲章，聊以自慰，自嘲也嘲得秀妙；但若偶尔默诵一下她曾有的流金岁月，不免让人低回难舍，情愫殷殷惜红衣。

木落秋更远，山寒云自明。

疏林残日下，茅屋有书声。

——李秋君

李秋君　欧湘馆里的红颜往事

欧湘馆内的佳人

上海卡德路（今石门二路）158号曾为沪上有名的富商望族李薇庄府第。深深宅院中，有棵广玉兰临窗而立。

窗内，李府三小姐李秋君正在写字画画，她听见父亲常常提起的画家张大千也在府内，与父亲谈诗论画。她溜过去，隔门静听，听着听着，忍不住推门而入，与这位“大风堂主人”探讨起画艺来。

李薇庄与辛亥革命后首任上海都督陈其美是好朋友，曾出任上海闸北民政长，与张大千亦为世交，故张大千来上海多住李家，就此认识了李秋君。

其实，张大千一跨进李秋君的画室欧湘馆，便被秋君的画夺去了心神，观她笔下的一树一叶，一山一石，均清润如许，是蕴藉红霞染就的江南烟云。李秋君对张大千，也是心香一瓣，情怀温婉，在内心深处敬之若尊神。张李画缘，可谓叶对花当，才识兼茂。大风堂上这段艺海流金的岁月，一直让人惦念难忘。

李秋君是沪上才女，家学渊源，诗词书画皆能，与张大千谈书

李秋君

论画，颇为在行，而且对他的照顾也无微不至。据坊间杂书，有一件逸事颇有流传：有次张大千贪吃，在李府竟一餐吃了十几只大闸蟹，然后又上街猛吃冰淇淋，结果到了晚上上吐下泻起来。夜里李秋君前来探视，见状忙请大夫来会诊。大夫一边为张大千诊治，一边安慰李秋君道："太太，不要紧的，小毛病，您请放心！"此时张大千躺在床上不便解释。当他病好后向李秋君道歉，李秋君却坦然一笑道："误会了也难怪，不是太太，谁在床边侍候你？"张大千既慕其才，又感其恩，他赋予李秋君代收门徒的"特权"：向大风堂拜门的，李秋君可以代他决定收不收，如他不在上海，秋君可以代表他接帖，受门生的叩头大礼。拜了她，就算数！从中可以见出李秋君在张大千心目中的地位。

只言片语很难概括李秋君的人生。对李秋君的了解，一直限于张大千红颜知己的身份，如此，她的艺术才能反而被遮蔽了。其实，她作为浙江镇海小港港口李家的闺女，身世非同凡响。李秋君毕业于上海务本女中，在这座中国人创办的第一所女子中学的教育熏陶下，她精通琴棋书画，是远近闻名的才女。初随兄长习书作画，后成为女画家吴淑娟的入室弟子。

她的兄长李祖韩擅收藏，也擅画，每逢雅集绘事，李氏兄妹必会双双出面，或共绘清丽出古法的青绿山水，或合写一丛小竹，引人关注。有次艺苑绘画研究所宴请文艺界名流，李氏兄妹也赴会挥毫。因不能饮酒，就双双上楼找书画鉴藏家狄平子老人，与他合作画一幅《茅亭竹石枯木图》，意境甚高。

当年的“海上大风堂”就设在李秋君的画阁欧湘馆内。佳赏民国这段艺苑风情，那份水墨清华，自然让人记住这位欧湘馆内的佳人。

画会雅集的积极分子

那时节，闺秀们聚在一处绘画雅集是常有的事。艺情雅趣酝酿得久了，最为隆重的事情是1934年宁波才女李秋君与冯文凤、陈小翠、顾飞、吴青霞等一起成立了“中国女子书画会”。一时之间，沪上画苑闺秀云集，可谓“佩环簇簇尽仙才”。顾飞回忆：女子书画会初期由冯文凤主持，李秋君起初并不起劲，后来女子书画会成了气候，也开始活跃起来。冯文凤中间去了次广东老家，会务便由李秋君担当下去。李秋君毕竟有胆识，有才情，很快成为画会中的核心人物。其实，在此之前，她就活跃在好几个画会之中，对静静涩涩的绘事有一种痴迷的执着。

1928年，正值以上海为中心的洋画运动趋于昌盛之时，上海一批西画家江小鹣、张辰伯、王济远等组织了一个非盈利的绘画学术机构，取名“艺苑”，地点在上海老城内西门林荫路（今自忠路），有“犹似沙漠中的一朵蔷薇”之誉。欧湘馆主李秋君与从欧洲返沪的潘玉良和一些优秀女画家也加入其中，成为中坚力量。

1929年，李秋君又加入了蜜蜂画社。这个画社名家云集，有陆丹林等人。在一份群“蜂”题名的《蜜蜂画报》创刊号上，能看见李秋君的名字。她的才情，她的笑容，还留存在古旧的画卷上，留

海上文人在李秋君府上送别大千去成都时合影（前排左六李秋君） 1948 年

《花卉》四屏　李秋君绘

存在发黄的照片上，给后人以遥远的遐想。

江南遗梦似风烟。李秋君的欧湘馆，陆小曼的四明村眉轩，吴青霞的篆香阁，陈小翠的翠楼，都近在咫尺。不知她们那时可会串串门、叙叙话？只有从书中，细心地领略她们的画情绘事，光阴就在书页的一开一合中悄然逝去。

大风往事，张李画缘

张大千在欧湘馆内顺手燃起烛影摇红的画意情缘引人遐想，又闻他曾三跪谢红颜，李秋君终身未嫁。草木有荣有枯，人有南来北往，张李二人的感情或许更为幽微细腻，是世俗之人难以体会的。也许年龄再大些，阅世再深些，才能领会那种人生风雨情吧。看过其兄长李祖夔的详细回忆，知李秋君为人豪爽，她与张大千的关系其实更多是兄妹的情谊，所谓画中隐情和字里暗香，可能更多是文人的想象。明白了这些，再读那些绘事唱和之作，风雅之事，便颇有些“一篇读罢头飞雪”的意味了。

李秋君和张大千在欧湘馆里的绘事岁月已是绵邈的往事，唯有一些老照片尚记录着“大风”往事与张李画缘。如1948年4月，友人及学生送张大千回成都时拍的旧照。李秋君与徐雯波、李浣青的合影中，李秋君坐于一边，发髻端丽，侧影清秀，嘴角略有笑意。还有一张，是李秋君与周炼霞喜迎齐白石的一张相片，看周李二人，眉宇间流露的是旧时闺秀的情韵。

李秋君与张大千在“书风墨雨”中度过的每一天，都值得珍

山水成扇　李秋君绘

念。不过，张李情缘终究如雾里看花，让人看不明白，不如看她的画更易懂她。

作为张大千一生的“知音”，李秋君在画艺上丝毫不输须眉。有次，她与李祖韩一同参加天马会举办的第九届美术展览会，画评人柯定庵对她的画颇为欣赏，逐一评道：双松朴茂淡雅，如寿翁；菊花秋容，力透纸背；听松图，幽远之意，令人神往；琴趣，仿佛琴音悠扬而出。并感慨地说：“李女士之画，屡见各种画报，余已服真致力之深，今见真迹，使余爱不忍释，且标价并不过昂，无如余萍飘海上，囊索无余，不能怀之而归，为一憾事。”

李秋君的《富春江》图，用笔干练，大气空灵，无一抹脂粉气。人们常说，艺术使人的心灵得以沟通。确实，读了那画，似乎走进了女画家的微妙心事，虽未相见，却已经与她相识相亲了。

谁言良辰轻唤回？晚年的张大千得知李秋君去世后，心中忆念那一份画缘，作有《悼秋词》，最为沉痛的是末句：“古无与友朋服丧者，兄将心丧报吾秋君也！呜呼痛矣……”终身未嫁的李秋君，终究成为张大千背后的一滴泪珠。闺秀诗画、艺史流芳的飘香时代，不免如大潮一般滚滚东流而去，但这样的民国故事，有文采，有古意，正如董桥所说，“那样的故事仿佛民国初年微微褪了色的绢本团扇”，依然值得人珍视。

大千弟子，泼彩状元。

——《东方画报》

泼墨泼彩山水真正得爷爷衣钵者，唯您厉阿姨耳。

——张大千嫡孙

厉国香　宁波才女的花痕叶影

“海上九老”的重阳佳会

上海的新闸路上有一处文艺青年的“朝圣之地”——一条名叫沁园村的上海老式里弄，阮玲玉曾经在此居住。丙申夏日，我原本想去阮玲玉故居参观的，却看到了厉国香的点滴介绍。小区的勒石上，还刻有厉国香的一幅兰花小品图，雅致清幽，极具挺拔秀丽之姿。从此，厉国香之风华便上了心头。

上海《海派文化》报资深编辑赵宏先生与厉国香有一段艺缘。赵宏年轻时，秉持有守旧一派的情怀，为了弘扬重阳敬老文化，组织了五届“海上墨苑九老重阳会”。会上九老挥毫翰墨，留下了动人的回忆。

作为组织者、亲历者，赵宏对这五届重阳会情切依依。听完他的介绍，让人深切感知当时“海上九老”那种“才闻桂蕊满庭香，又插茱萸喜若狂”之情。人间毕竟重晚晴，每岁重阳，墨苑九老聚首话当年，展示传统文化的深厚内涵，可谓一件美事。

看到几枚“海上九老”重阳会的邮折、纪念封等，上面有厉国香与其他八老合绘的画作。九老曾以北京秋菊、上海玉兰、绍兴

厉国香

幽兰、洛阳牡丹、南京香梅、西安石榴、杭州丹桂、香港紫荆、台北杜鹃等中国名城市花为题，联名作画，共绘长卷。丹青遗痕，弥足珍贵。其中，百岁画家李泳森的北京《秋菊》淳朴清新，傲霜斗寒；九三高龄的黄若舟画就的西安《石榴花红》苍劲老成，温润秀雅；百岁开二的钱君匋画的上海《玉兰》墨彩淋漓，意趣盎然；九十老人施南池的绍兴《幽兰》风神飞逸，情趣高雅；“鱼王”吴青霞画成的台北《杜鹃》色彩明艳，生动传神……而闺秀画家厉国香画的是洛阳《牡丹》，工写相兼，明洁秀丽。

而在乙亥年合作的一幅《九老庆重阳图》中，厉国香画的是“雁来红”；戊寅年合作的《秋光胜如春光》中，厉国香画的是“红梅”。其实，她本人不就像一株风华犹在的红梅吗?

赵宏对沪上艺坛如数家珍。他曾经去厉国香处约稿。厉国香曾经住在新闸路，后来迁至闸北区洛川东路、闸北公园一带。厉国香与先生——原闸北区政协副主席王治平两人住在那儿。赵宏说，那间居室少有收拾，画作与画室皆然，却能见出两人勤于书画、执于治学的精神。

赵宏给我欣赏了他收藏的一幅厉国香的行书，说“书如其人”。细细看去，果然如此，好一幅工整清秀的正楷。上书：“丁丑牛年多吉庆，神州处处佳音传。百年耻辱一朝雪，港岛回归四海欢。政通人和开世纪，鼎新革故谱先篇。奇花香卉倾城艳，珍果甘橘满街沿。今岁重阳秋志畅，申江尊老颂人寰。”当年重阳“海上九老”聚会之期，正是1997年香港回归之时。落款为厉国香与夫君王治平两人的名字。可知当是王治平作诗，厉国香书写。读完这一页书法，我十分欣赏厉国香的品位，也不禁遥想她究竟是怎样一位女子。

原想着旧派才女，当然是供养一身旧派风华。可在赵宏眼中，晚年的厉国香是一位非常朴实、不善修饰的人，看上去就像一位居家妇人。可就如董桥所说，以前培养出来的闺秀，从头到脚泛起一层典丽的民国气韵……她们的韵味早就化成古玉的沁色，任凭头发剪成清汤挂面，任凭旗袍换了灰暗服装，多少年的折腾都折腾不掉她们骨子里幽深的气度，每一次暴风雨过后，带着受伤灵魂的她们依然款款走出月亮门，以铁了柔弱的心养住绝代风华。

悦书画，乐琴书

出生于1914年的厉国香，名瑞兰，字墨华。国香是她的号。她是浙江籍的女画家，在古林镇厉江岸村出生。厉江岸村，属于浙江宁波古林镇，这里多出读书人。厉国香幼年受过私塾教育，又曾在县立女中读过书，可谓天资聪颖。在女中时，她开始自习书画，后师从过许多名家，历历数来，有赵叔孺、顾坤伯、李健、李肖白等人；她还得张大千、唐云、陈秋草等名家真传，被张大千先生誉为“我非常得意的女学生”。

厉国香书法、绘画无一不通。她的妹妹厉国艳，小名瑞珍，容姿秀丽，嫁给了书法名家高振霄之子、海上篆刻名家高式熊。高式熊能承家学，亦以书名。高振霄的书法，不同于馆阁体的光泽乌

细笔山水　厉国香绘

潑墨法乳自古有之藝
術隨時代潮流而變革
然萬變不離其宗者首
推張大千尤以潑墨潑
彩能古為今用洋為中
用推陳出新以習用之
傳統皴法配合破墨積
墨潑墨與破色積色法
色構成潑寫兼施之山
水畫繪炙人口代表作
有潑墨荷花長江萬里
圖廬山圖黃山前後海
等余藉四十年代隨大
千師學習山水人物五
十年代隨秋草師學
習西畫之基礎潛心探
究潑寫兼施郎靜山集
錦攝影及照相光學原
理力主胸有丘壑構思
在先墨彩有度點綫
面結合等理法創作初
得其奧秘
一九九一年春日
厲國香附誌

泼墨山水　厉国香绘

亮，而是挺拔秀峭，别具清淡秀逸的风格。厉国香时常上门请教高振霄，自然得益不少。

探寻旧派才女的逸闻成为雅好，有段时间，我很想看厉国香在过往岁月的花痕叶影。她有一册《沪江雅集》，从中可欣赏她的画。画荷清新可人；画竹郁郁般若；泼墨、泼彩，推陈出新，颇具“张大千风韵”。青绿山水的斗方，不是幽深清冷一路。仿若时光倒流，让人回到了旧时的山水之间。后来，又有缘读到《厉国香书画集》，得见她的不少资料，几乎是她的人生画传。她的画室名“石竹斋”。她与王治平二人，于其中画兰，画梅，画山水。她绘画，他题诗，相互切磋，不亦乐乎，成为晚年的生动一景。

这样一位女画家，原本该是可入清贵一格。有人在网上为厉国香抱不平，认为她的画价如此之低，与画家本人的身份不符。江南遗梦似风烟，过往一切容易淡忘，但厉国香与王治平夫妇二人晚年志向高洁，于“石竹斋”内，悦书画，乐琴书，足以消愁。

作为张大千的女弟子，厉国香不仅用墨有味，神韵飘逸，更可贵的是气节可风。曾有一位台湾富商找到她，希望她仿作两张张大千未落款的画，作为回报，他可为她置价值百万的洋房一座。此事被厉国香一口回绝，她是断不肯做如此昧良心之事的。

从“张大千同门录”中脱颖而出

其实，张大千门下女弟子何其多哉：广东的王智、潘愿，北京的王钟奇、朱霞、俞致贞，浙江的王学敏、李藻、童月莲、叶名珮，四川的宋继美，江苏的侯碧漪、吴浣蕙、林今雪、潘渭，上海的郁慕贞、郁慕洁、郁慕娟、郁慕云、郁慕莲，安徽的章述亭，四川的张藻、张湘、张正雍……个个都钟灵毓秀，聪慧多姿。而厉国香能从中脱颖而出，也是有原因的。

比如，宁波的雅艺书画研究会，发起人就是厉国香。作为宁波籍的女画家，她对宁波艺界当有不可推让之功。

又如，她1940年参加“中国女子书画会”。厉国香活跃其间，为后期的事务性工作出了一份力。

女画家的才华是不容忽视的重要部分，而书法，可让闺秀女子更为静雅嫣然，沉静内敛……曾读过一篇历数民国才女冯文凤、林徽因、陈小翠、庄闲、吕碧城、张默君、谈月色、游寿、厉国香、萧娴书法的文章，其中列举的书法作品篇篇有寒梅之香，字字若璎珞敲冰。十大民国才女书法，各有各的韵味，也各自盛开出自己的特色。其中介绍厉国香擅长楷、行、隶、篆四体。我所见到的多是她的楷书。厉国香的小楷隽秀清幽，她的中楷温文端正。曾见她抄录鲁迅的《无题诗》：“万家墨面没蒿莱，敢有歌吟动地哀。心事浩茫连广宇，于无声处听惊雷。”这雅洁温润的书法，这雄浑深远的意蕴，据此，也能见出她的几分性情。在厉国香的规矩楷书中，有一种女子的韧性，有一份旧时风华女性的坚守，一份矜持。

赵宏将他珍藏的厉国香为聂荣臻写的一本书法帖送我，让我有缘消受这份意外的惊喜。厉国香用楷体书写的具名碑书法，共1152字，它概括记述并高度评价了聂帅光辉的一生。时光飞逝，这

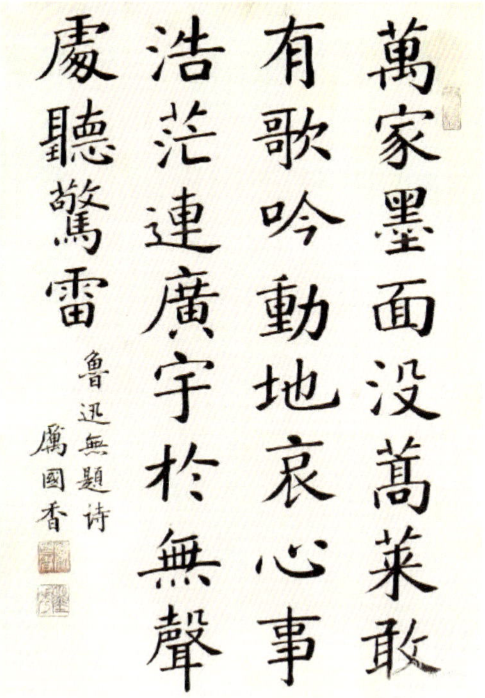

鲁迅《无题诗》　厉国香书

幅书法距今也有20余年的时光了。那个时代的闺秀画家，在艺术之外，她们的精神气质，她们的人文素养，以及渗入她们骨髓的温婉因子，那可以当作凤毛一样珍藏起来。

入宋元，酌变明清，遍抚历代名画，端、丽、雅、逸，笔墨根基深厚，在梅景书屋可登堂入室，得有吴湖帆老画师水墨丹青合体新貌之神韵，不少作品骎骎然步入元人堂奥。

——邵洛羊评贝聿昭的画

| 贝聿昭　红苹女史的前尘旧事 |

她来自“贝氏望族”

炎炎盛夏，清风徐来。见过苏州女画家贝聿昭的一幅扇面，上面一幅菊蝶图被女画家描绘得栩栩如生，再配以各种花草，更显精致。女画家颇有功力，笔法爽利，雅致清新，显示出她安静而妩媚的作画情绪。

闺秀扇面讲究的是意境美，主题未必在画里，要靠读画人的想象，再看看那些落在扇面上的细致笔触，让人忽然感念“繁华事散逐香尘，流水无情草自春”……

贝聿昭属女中佳丽，天资俊敏，家学渊源，工花卉草虫，用笔娟秀，设色清雅。这位风姿超绝的女画家，背景颇为不简单。

1908年，贝聿昭出生于江苏吴县（今江苏苏州）的望族贝家。其家藏书画颇富，贝聿昭性恬静，幼时即嗜丹青，尤工刺绣。她是中国女子书画会会员，民国画坛闺秀之翘楚。中华人民共和国成立后为上海文史馆馆员。

其实不用多说，只要一句“她来自贝家”，名头就足够响亮。可她偏不愿打着贝氏的旗号，而是以别号示人，如坚白楼主、红苹女史

晚年的贝聿珺在作画

等，还有斋号为“坚白楼”“滋青阁”等。

说起苏州贝氏，最早可追溯到明朝中叶原籍浙江金华府兰溪县的苏州贝兰堂，在苏州四富戈、毛、毕、贝中，贝家以中药材生意著称。及至贝聿铭的爷爷贝理泰，是中国最早的金融家，父亲贝祖诒是中国外汇制度的创始人。中华人民共和国成立前夕，身为中银总裁的贝祖诒没拿走一分公款，其清气足令贝氏后人骄傲。

这一名门望族，人才辈出，不仅诞生了颜料大王贝润生、金融巨子贝祖诒、建筑大师贝聿铭，也同样培养了许多卓越不凡的女性，如贝聿铭的继母蒋士云，精通英语和法语，曾经力排众议，在“西安事变”后，积极参与营救张学良的行动。追溯贝家祖辈的荣光，必然绕不开狮子林。1917年，贝祖诒的叔叔、颜料大王贝润生花80万银圆买下了这座名满江南的园子。

贝聿珺的父亲是民国著名银行家，族弟为贝聿铭，丈夫为南京中央大学艺术系教授许士骐。贝聿珺兼具“出世”和“入世”的两面观念，常在琐碎忙碌的日常生活和艺术创作中寻找平衡。她的作品常常放眼山林，图绘乡野，清新，秀美，宁静，精神意蕴尤为厚重。

“梅景书屋”女弟子

民国时期，苏州女子职业学校美术专科校园雅洁，正处于青春朝气时期的贝聿珺，兴致勃勃地迈进学校，她学习的是自己喜欢的绘画和刺绣。

那时的学习与生活，简朴而自足，但让贝聿珺颇为兴奋的是，当时教刺绣课的是邹韬奋先生的夫人沈粹缜老师，她也是近代绣圣沈寿的侄女。更让贝聿玿没有想到的是，在校期间，她有幸和沈老师同寝室居住，在学业上也得到沈老师亲传。如此一来，她的绣艺进步甚快。

毕业那年，贝聿玿精心绣制了一幅《无量寿佛》。这幅像，她花了很大精力，处处精工细作，如绣佛的足部和手臂汗毛，用针之精巧，用线之纤细，胜于毫发，有剔透逼真的效果，所绣佛像慈眉善目，神态安详，看上去栩栩如生。沈粹缜老师见了，忍不住直夸她绣艺精湛；其他的老师和学生见了，也赞不绝口。1946年，上海英文版的《大陆报》记者看到这件作品后，十分欣赏，就专题刊登文章介绍这幅绣品，说它温敦淡荡，明洁典雅，一丝不苟，称之为价值一万美元的艺术珍品。果然，有一外籍人士愿意出重金购买，但因贝聿玿不愿忍痛割爱而作罢。可惜绣品在"文革"中遭劫，之后便下落不明，实为憾事。

后来日寇入侵，苏州沦陷，贝家拥有的名园狮子林被日寇侵占，全家四散逃难，贝聿玿随家人辗转逃至上海，住在亭子间里。

她白天在上海市银行工作，下班后便潜心作画。作画的亭子间又窄又小，只可容膝，但是贝聿玿却知足常乐，把兼作画室的亭子间雅称为"海上坚白楼"。

在海上大家吴湖帆的曾孙吴亦深的印象里，小时候每逢春节，家里都会迎来一位贵客，那便是贝聿玿。直到100岁高龄，她依然每年都到"梅景书屋"给先师吴湖帆行磕头大礼。这一举动每每让在场众人感慨，若论对恩师之虔诚，无人能出其右。

在贝聿昭的心中，她是深深记得那段“梅景缘”的。有一次，她奉叔祖之命带一束手卷，登门请教吴湖帆先生，请他鉴别真伪。同时，她也带了几幅自己的山水习作，想请吴先生批评指点。吴湖帆是一位很温和、优雅的老人，人长得有点胖胖的、矮矮的，讲话很慢，带一点幽默。吴湖帆先看了手卷，又看了看贝聿昭的画，很有耐心地指出她画的不足。第一次登门便得到吴湖帆悉心指导，贝聿昭紧张的心情顿时放松了不少。于是她大胆向先生提出，恳请先生收她为门下弟子，吴先生似乎不假思索，欣然同意。贝聿昭正式开始学画后，多次进出“梅景书屋”。老师看上去很好说话，时而还会开开玩笑，逗她开心，但在具体指导绘画时，老师又很认真。吴湖帆建议她要特别重视宋元诸大家的笔法和设色，并将自己的山水画交给她临摹，要求临好的画作再交由他评改，指出瑕疵所在，让她体会领悟，反复多次，不厌其烦。

成为“梅景书屋”的入室弟子后，贝聿昭的眼界大开，绘画能力也突飞猛进。她对大师的作品和中国历代名画如痴如醉，潜心研习临摹，奉为画学经典。

艺林奇葩，画坛佳话

1948年的秋天，贝聿昭嫁给许士骐。她自己的嫁妆是一个皮箱，里面除细软外，大多是自己的山水画作品及画具。

当年，两人的婚礼在林森中路（今淮海中路）的“世界社”举行。一幢三层楼的古典式洋房里，名人雅集，琴声悠扬，欢声笑语，婚礼轻松而自在，简朴而典雅。尤其难得的是，两位新人的介绍人是四位闻名遐迩的国画大师——张大千、郑午昌、张书旂及吴湖帆。贝许联姻，在当时国画界也算是一桩佳话。

许士骐为新安画派画家，安徽歙县人，擅长绘画、吟咏，所作富有诗情画意。早年与潘玉良等同为上海美专最早的一批学生，留学法国时结识了徐悲鸿。之后，他又赴德国学习艺用解剖。归国后，先是应徐悲鸿之邀任中央大学艺术系、建筑系教授，中华人民共和国成立后，由郭沫若推荐任中央卫生部医学模型制造厂厂长，足见两人私交极深。

当年吴湖帆初遇许士骐，赏识其为人与才华。他想到，许士骐时在当娶之年，而在自己门下的贝聿昭亦正值妙龄，一时之间，便生撮合之意，果然成就一段姻缘。贝许结为伉俪之后，可谓夫妻情深，佳偶天成。夫妻二人经常合作，绘画写字，时而苍松图，时而山水景……成为画坛上的一对“艺林奇葩”。贝聿昭与许士骐合作过一幅画：背景的烟云渲染富有层次，动感也足，是吴湖帆一派笔法，出自贝聿昭之笔；近处的松石苍劲有力，出自许士骐的笔下。这幅作品是送给贝聿昭的族叔贝祖远的。

尤值一提的是，贝聿昭与许士骐的夫妻合葬墓立在歙县城著名的风景区披云峰上。这里静静地躺着歙县籍的历代诸多名人：新安画派的开创者、爱写梅竹的渐江，新安派著名画家汪采白……常有人专门从各地寻梦徽州，赶往那里，在墓前静静地悼

扇面　贝聿昭绘

念。此墓为贝聿铭所设计，墓碑也由其题字。墓碑镶在一方岩石砌就的矮墙上，右上方嵌着夫妻二人的汉白玉浮雕头像。许士骐戴着眼镜，文质彬彬；贝聿昭面露微笑，慈眉善目。碑前常有当地行知小学的师生敬献的硕大花圈。这对被誉为“艺林奇葩”的伉俪，死后也依然情长意浓。

贝聿昭活至百岁，可谓一个常乐长寿的女画家。包铭新的《海上闺秀》选了一幅她1943年秋日作的扇面，上面有用小楷写就的七言诗：“西宫夜静百花香，欲卷珠帘春恨长……纵使晴明无雨色，入云深处亦沾衣。”这是她峰崖访幽归来后所作，夜静时分读之，幽雅入怀，解人好梦。

素心沧桑

谈月色　暗香浮动女印人

潘　素　渺渺清芬素心人

吴淑娟　杏　芬　旧　影　痕

沈绮文　刚健豪迈女虎头

易米梅花不讳贫，玉台壶史自千春。

闽茶绝品承遥寄，我亦城南穷巷人。

——谈月色

寒琼辨古如然犀，月色刻石削如泥。

腕底疯沓风凄凄，自出新意超凡蹊。

——南社赵式铭赞谈月色篆刻

谈月色　暗香浮动女印人

民国女尼，还俗画事

民国初年的檀度庵，为广东四大尼姑庵之一，隐在一片梅林丛中，香火一向旺盛。白天人声鼎沸，只在夜静更漏时分，传来木鱼的敲响声。

谈月色原本是檀度庵内一个清清素素的女尼，生而明慧，稍知书，识人事，日夕披袈裟，每晚对着青灯古佛，或抄经文，或画墨梅，茹素礼佛，心如古井。一直到30岁那年，她遇到了偶涉檀度庵的南社名士蔡哲夫。

寺院是清净之地，它和秋水文章向无干系。已过不惑之年的蔡哲夫，惊讶眼前的女尼柔荑之手能写莲花字，能画墨梅图，又为她清润简静的面容所吸引。而蔡哲夫于谈月色，是那么幽深，那么丰厚。梅窗横月，茶露凝香，这一段深刻的佛门因缘，竟成为不灭的俗世情缘。

出生于1891年的谈月色，是广东顺德女子。原名古溶，又名溶溶，北宋晏殊诗有“梨花院落溶溶月”句，遂以“月色”为字。谈月色的人生似溶溶月色，透着温润的沧桑，有着既清淡又深沉的幽

谈月色

婉情怀。

女尼还俗，如触目横斜的梅枝，惊动了世人。当时画家陆恢是谈月色的篆刻入门师父，他有感于谈月色的还俗，特别绘制了一枚《谈月色还俗图》“月色拓本”印章，又温润，又干净，又简洁，还流露出淡淡的惆怅，也寄予了陆恢的雅愿——谈月色还俗后，一心执着于绘画、篆刻之事。

疏影横斜，暗香浮动。女画家谈月色的溶溶之印，被钤在一张又一张的红梅、白梅、墨梅图上。

在《广东画人录》里，“谈溶”条寥寥百字，虽只是一篇说明小文，但是她的故事幽婉动听，梅香浮动，夜雨灯下，作枕边小品读，可增谈资。

画界“李易安”

人生能遇得可以相知雅谈的夫婿是造化。还俗之后的谈月色，从此半夜梅花入梦香，与蔡哲夫小饮雅集，登高作赋、风雅同调，沉浸于书函、篆刻、博物、碑版之中，自觉不自觉地描画着“赵李情缘”的雅致旧梦，才过不惑之年，谈月色已是梅影摇曳，“享誉满京华”了，并拥有“帘卷西风李易安”之誉。

20世纪20年代，广州拆城墙以扩建城区，竟陆续发现不少地下文物。蔡哲夫向来酷爱考古，谈月色也雅爱金石，两人自是欣喜异常，一番忙碌，十分艰辛，筹划成立了广州第一个考古组织“黄花考古社”，就此涉足博古文物，乐此不疲。两人这段寄深情于文物的经历，颇如梁思成、林徽因昔日保护文物的丹心之举。

一代才女，书画二妙，已属不易，可谈月色却留下艺坛三绝的美名。

她会篆刻。她的印文也别致、多样——“溶溶之印”“谈月色”“月色女拓”“月色画梅”“月色溶溶”等。有一幅“疏影横斜，暗香浮动”的梅花图，枝干简约，花朵率真，钤的是朱文“绕屋梅花三十树”。此印包浆流丽，形态灵动，一刀刀锉出的是闺秀才女的印人心事。如此多才，引得南社诗人苏曼殊大发诗兴，赞她：“画人印人一身兼，挥毫挥铁俱清严。”对这位“现代第一女印人”的评价，毫不吝惜如椽诗笔。

她还会瘦金书。更妙的是，她会以瘦金书入印，洁白宣纸上，钤着圆形、椭圆形、方形的小印，显得精致、秀气、耐品。以前我总不喜欢瘦金书的精细、工整，也许是因不喜赵佶其人，抑或是因字体这样秀丽、典雅，有阴柔味，不够雄浑古拙，而谈月色用瘦金书治印却令我十分喜爱，那临笔的一柔一顿，仿佛刻画出一位女子内心的坚强，那印中的瘦金字摇曳多姿，也散发着梅花的淡淡清氛。

其实闺阁印人中，知名者不少，有蔡哲夫的发妻张倾城、为鲁迅篆刻印章的刘淑度、印人杨昭隽之妻徐槃章、寿石工之妻宋君方、“铁笔女士”杨雪明、康南海的入室弟子萧娴等，可谓梅枝交柯、疏影横斜。她们既有绿梅的淡雅俊逸、白梅的高洁晶莹，也有红梅的蕴藉冷艳、蜡梅的透明温润。可唯有谈月色的印刻，是墨梅传奇。这与谈月色在艺林中善结人缘颇为相关。她曾广拜名师，广

“黄宾虹”印

“月色喜神”印

“蔡石”印

“月色写经”印

“蔡谈月色书画”印

“人间何处有此境”印

“月色冷苍松”印

“月色画佛”印

谈月色刻制

《梅花图》　谈月色绘

西名士程大璋、岭南名家李铁夫、篆刻名家陈达夫、书画大家黄宾虹、书法篆刻家王福庵等大家都点拨过她。后有好事的文人雅士，对近代印坛文人的沉浮，特地撰写“点将录”一文，又月旦，又品藻，将谈月色比为水浒人物“顾大嫂”。她的勤奋与努力，也在印坛留下了清晰的一页。

她会画梅。清幽的画笔描摹清幽的画境。梅是清雅高洁之物，开在寺庵，最是宜人不过。或许因檀度庵的梅花开得特别好，谈月色尤喜画梅，在檀度庵时，便以“画梅尼”自称。屐痕到处声声碎，她对梅是如此珍重，早年曾多次奔赴各处梅地，如广州萝峰寺、六榕寺，苏州邓尉山，杭州超山一带，处处可见幽静梅花之“粉本”。谈月色心中也有粉本，她时时不忘宋代名家画梅，白天观梅写生，静夜凝思挥毫，她笔下的墨梅，真正是盘龙古香、冰霜国色，既有杨无咎的梅痕月影，也有林逋的暗香疏影。

她画观音、佛像，都得心应手。画菊花、兰草，也有一手，既有东篱雅意，也有离骚国香。谈月色绘有《梅花册》，由蔡哲夫题跋，十分少见，画中梅花清雅自然，清气夺人，湿笔浓墨尤有特点。谈氏画梅，远观清秀，近看典雅。看她墨梅之戏玩得纯熟，时有渐江写梅之骨、石涛写梅之魂、梅清写梅之影……正应和了她自述的画梅心得：“传语辣从弹力出，写梅笔辣始能寒。”

梅花小寿，旧时月色

谈月色享有“梅王”的声誉，画梅的作品自然有不少。我偏爱她的，是一幅“梅花小寿”的墨梅图。1936年有感于南社纪念会的成立，身为南社社员的她，因故不能出席，只好画了一幅墨梅，特用“梅花小寿一千年”为题，并钤同名瘦金书印章，遥示对蔡元培、柳亚子两位先生的敬仰之情，赢得南社骚人墨客的纷纷称誉。那梅枝欹侧，也是一派疏瘦，一派清妍，一派宁静，一派婉丽，尤为难得的是，这幅画，墨梅、瘦金书、篆刻三艺并存，温文沉实，实有值得纪念的历史意义。

“一树梅花一腹稿，与卿收拾写生材。”在低眉的谈月色看来，蔡哲夫是她的救世主。所以，我们会看到“蔡谈月色”“蔡守钵月色”“牟轩夫妇同观”“牟轩双管”等印，“蔡谈月色并识”等题款，她亦步亦趋随在蔡哲夫身边，有的是雅意十足的深闺情怀，而并非刻意营造出来的情致。

两人从广州考古，到南社交友，又辗转至南京办书画展，琴瑟相合的弦歌，掩映着梅枝浅淡的花影。只可惜，梅轩窗内并非总是文人雅事。因了战事，两人再次流寓南京，只是这时家境一落千丈，只好于贫屋陋巷，窘迫度日。溶溶月色，已然朦胧；清寒梅香，暗淡日久。但谈月色犹有闲情，不忘造壶、治印、写梅花。蔡哲夫去世后，谈月色不免陷入困顿之境，她却依然又自嘲，又戏谑，手绘几幅《画梅乞米图》，以渡难关，维持生活。

窗前寒梅着花未？暮年的谈月色客居南京城南穷巷之中，沉静而萧瑟，像金陵客厅里挂着的一幅立轴，端的是深山幽谷、梅木萧萧。难得的是，她身处清幽之境，仍寄情书画，下笔成珍，秀澹娴雅，没有烟火气。只是还乡无日，就墓有期。她晚年“珠江老人”的别号，有着苍凉的韵味，是将思乡怀旧的情绪，寄托于其中。

月色溶溶夜，花阴寂寂春。如今再看蔡哲夫的诗词集《寒琼遗稿》，蔡、谈两人主编的《艺彀》，谈月色手绘的梅花和汉器拓本，是真正的旧时月色。

值得一说的是，谈月色的斋名有好几个——梨花院落、茶四妙亭、旧时月色楼、汉玉鸳鸯池馆。末了一个，是纪念蔡哲夫送给她的聘礼——一对盛在珊瑚盒中的汉玉鸳鸯。难得她有如此幽思，有缘珍藏这段檀度庵情缘，真让人怀念当年的梅痕叶影。

神韵高古，直逼唐人，谓为杨升可也，非五代以后所能望其项背。

——张大千评价潘素的画

潘素　渺渺清芬素心人

助夫君护画往事

陆机的《平复帖》、展子虔的《游春图》、杜牧的《张好好诗》、范仲淹的《道服赞》、黄庭坚的《草书》卷、李白的《上阳台帖》、蔡襄自书诗册……这一幅幅作品，个个听上去有来头，有名头，属于古代书画极品，都是故宫博物院的镇院之宝。

如果能够拈出这一幅幅千秋笔墨诗书画册，徐徐展开，就会欣赏到珠联璧合的贤伉俪所寄情收藏的书画艺术瑰宝，那古雅的画面，蔓延为心底清香馥郁的文化长卷。

半个多世纪前，张伯驹、潘素夫妇从几十年蓄藏的书画名迹中挑出八件精品无偿捐献给国家，也留下一段佳话。1956年7月，为表彰二人，时任文化部部长沈雁冰颁发了一纸褒奖状："张伯驹、潘素先生将所藏晋陆机《平复帖》卷珍贵法书等八件捐赠国家，化私为公，足资楷式。"在收藏界里打天下，潘张二人，夫妻同心，保护国家珍贵文物的章节依然那么令人心生敬意。

20世纪三四十年代，时局混乱，许多古董商唯利是图，致使大量国宝流落国外。张伯驹不惜一掷千金，买回国宝。其中，潘素为

左　潘素
右　张伯驹

夫君的护画往事也一直被人传颂。人们津津乐道的有两件事。

一是《游春图》。当时，一幅传世珍宝——隋代展子虔的青绿山水画《游春图》被贩至海外。《游春图》在中国绘画史上占有重要地位；在世界绘画史上，可与梵·高的《鸢尾花》、达·芬奇的《蒙娜丽莎》相媲美。在潘素的支持下，张伯驹不惜变卖自己那处占地15亩、原为太监李莲英旧墅的豪宅，加上从朋友处借来的钱款，凑足240两黄金，才将《游春图》保护下来，安然无恙地收藏于宅中。

二是西晋陆机的《平复帖》。这幅法帖是我国书法史上存世最早的名人书法真迹，也是中国历史上第一件流传有绪的法帖墨迹，有“法帖之祖”和“墨皇”的美誉，被收藏界尊为“中华第一帖”。作者陆机用秃笔写于麻纸之上，墨色微绿。其字体为草隶书，笔意婉转，风格平淡质朴。虽长不足一尺，却盖满了历代名家的收藏章记，朱印累累，满纸生辉。潘素为支持丈夫购买这件恭亲王府的稀世珍品，变卖了心爱的细软首饰，不惜以4万银圆的代价买下了这幅传世墨宝。事后，一位外商企图以30万银圆的巨资委托古董掮客购买，却遭潘素婉拒。

天降仙才，诗画合璧

江南多闺秀，燕赵出素妇。虽不绝对如斯，却很普遍。苏州姑娘潘素，修长而温丽，好似一幅兰花图，虽然她也历经岁华婉娩、草木风露的人生，却始终呈现出灿然秀发之气息，当年的闺秀往事值得用簪花小楷记述。

潘素，原名白琴，字慧素，是苏州望族潘世恩的后代。她自幼酷爱绘画，21岁时正式拜师学画。清幽的素人宜绘清幽的画境。潘素学画之师为朱德甫、汪孟舒、陶心如、祁井西、张孟嘉等人，还跟夏仁虎学古文，这些老师个个有来头。如夏仁虎，是夏承楹的父亲、林海音的公公，清末京官，北洋政府时期的高官，同时在国学、文学方面均卓有成就。她又懂得嘤鸣求友、谦谦拜师，自然能够出人头地、胜人一筹。

潘素之父潘智合为名门之后，从苏州移居上海后，整天游手好闲，吃喝玩乐，家道日渐衰落。母亲沈氏是位大家闺秀，哀怨自己遇人不淑，只有将全部希望寄托在女儿身上，视她为掌上明珠。当年潘素弹得一手好琵琶，曾在上海西藏路汕头路路口“张帜迎客”，后与来上海查账的张伯驹相识。

与张伯驹结婚时，潘素才20岁。她与张伯驹，可谓天降仙侣，诗画合璧，是令人羡慕的一对伉俪，几十年情愫相依，是可以让后人追慕的佳偶典范。

在认识张伯驹之前，潘素已与一位国民党军官谈婚论嫁，但她最终却选择了张伯驹，有情人终成眷属。而事后也证明，她跟着这位盐业银行的张公子，享有了另一番人生意境——秋来赏菊，重阳登高，金陵怀古，西山赏雪，昆明湖泛舟赏月，故宫赏白牡丹，香山看红叶，液池泛月，蛰园赏桂、赏梅棠，大觉寺看杏花，紫竹院观白荷花，社稷坛看牡丹，雁塔看雪、看蜡梅……人生可以过得如此有兴味，让人怎能忘怀这位翩翩浊世佳公子呢？于是只傍梅花吹玉笛，滚滚红尘中的她，与痴情的丛碧先生，成就一段艺苑爱侣的佳话。

素兰清芬，尺水兴波。潘素的民国往事，有些类似幽人逸士之操行，让人在寂寥荒寒之中体味她独特的气息与风华。

清辉之夜，读丛碧先生词，时而《前调》，时而《人月圆》，他写词，她念词，铭刻两情缱绻的幽微与深邃。看他，七夕寄慧素，中秋又寄慧素；难中卧病在床，见桂花一枝，始知秋深，再寄慧素；十一月下旬，有雪，见雪花飘落似杨花，接到慧素鱼雁传书，不仅心内感伤，倚枕到天明，又写词以寄之。辛亥元宵，又为潘素生日赋词一首："白首齐眉几上元，金吾不禁有情天。打灯无雪银街静，扑席多风玉斗寒。　　惊浪里，骇波间，鸳鸯莲叶戏田田。年年长愿如今夜，明月随人一样圆。"两人齐眉对月，交杯换盏，不愿负婵娟。这样的温暖词意，可成消寒妙法。

有京华名士之誉的张伯驹，原就是性情中人——他拥有《游春图》，便自称"游春主人"；拥有康熙题写的"丛碧山房"，便自称丛碧先生。潘素是他生命中的一株兰花，他对潘素的爱意绵素悠长，便以一首接一首的咏词来表达。那些词，终成为雪夜里浮动着的暗香。

擅绘工笔素心画

那时的潘素，亭亭玉立，倚寒梅瓶而立，有如空谷幽兰，值得默默领略；中华人民共和国成立之后，又换了另一副笔墨，无当年之莞尔，是以超脱的姿态，成为一株墨梅老兰。她原也不是传记，不是小说，不是散文，而只能是游春主人张伯驹笔下的词。世道浇漓，她的精神美质却并未泯灭，无论遇何种情形，她都能够宠辱不惊，闲看庭前花开花落，去留无意，漫随天外云卷云舒。

静水深流，寒梅浮香。董桥文笔暗里有香，在《故事》一书里，他先写《词人丛碧》，又写《永远的潘慧素》，可见对夫妇二人明月其事的执念。《故事》中，收有张伯驹《墨梅图》、潘素《岸容山意》，都是小楷题款，钤朱文印，让人看了心中生出闲静。因潘素的素心画比张伯驹好，所以有“张丛碧绘事后素”之说，几个动词营造出的朦胧感，让人好奇。我仔细地看了《墨梅图》与《岸容山意》，墨梅图清雅，而潘素山水果然一片高古气息，让人好像回到了隋唐，回到了两宋。

欣赏潘素画作的日子，正值岁末年初，窗外大雪纷飞，屋内寒气袭人。于网上得见潘素的花卉册页，连着看了几个晚上，虽然谱上的花卉都是现实中无缘目睹的，但对着满屏的细密严谨，素意绯映，也觉惬怀。更为难得的是，潘素擅工笔，佳重彩，用苍莽话幽翠，那般错落有致，那般目不暇接，连张大千先生也忍不住扼腕称赞：“神韵高古，直逼唐人，谓为杨昇可也，非五代以后所能望其项背。”再读潘素绘就的金碧山水及雪景山水，渐入佳境，竟然不觉寒冷，久久不忍释目。

曾为红尘中人的潘素，后来素心素怀。我最爱张伯驹为她的画

左　《翠嶂春晴》　潘素绘
右　《湖山初雪》　潘素绘

作《素心兰》所题之词："予怀渺渺或清芬，独抱幽香世不闻。作佩勿忘当路戒，素心花对素心人。"红尘世上，百年余几，唯有张伯驹的素心词散发渺渺清芬。

江上芙蓉开似锦，篱边红叶艳于花。

——吴淑娟

吴淑娟 杏芬旧影痕

“海上二吴”

几笔疏林远岫，烟云流润，苍秀有致，花草又细致又绵密，艳阳下一派高逸彩笔的胆识。杂树数株，虬曲苍古，清逸高飘、枝简叶疏的树木姿影，淡淡涂抹着晚清的画坛。

光绪七年，也就是1881年，吴淑娟画了一幅《万花图》长卷，可谓墨香淡远、秀韵天成，一时之间，社会名流争相在画上题咏，也让吴淑娟名声大振。

吴淑娟，风雅，从容，如行云流水的一号人物，有一个雅致的晚号——“杏芬老人”。这让我想起清代女画家陈书。其人号“南楼老人”，于花鸟、人物、山水皆擅，也是闺阁独秀，称誉一时。可见能冠以“老人”名号的，画艺实是不虚，也自有一番艺苑尊崇于其中。

虽然说，女儿国里尽朝晖，可谁能像她那样真情率性？翰墨飘香的家庭环境，让她从小出名，并于光绪年间已有甚高画名，与吴昌硕先生并称“海上二吴”。

她家学渊源，父亲吴鸿勋，号心兰，入曾国藩幕府，也是著名画家，工于花鸟、山水，尤擅画兰竹。夫唐光照，曾任江宁知府。她

唐母吳太夫人遺像
對聯 楷書
秋院宴樂圖 仿仇十洲工筆樓閣 設色
蘭竹 仿鄭板橋 墨筆
宜男多子圖 仿仇十洲仕女 設色
歲朝圖 補銅器拓本 設色
後赤壁賦 楷書
扇面 仿石溪山水 設色
玉堂富貴 仿沈南蘋雙鉤花鳥 設色

《杏芬老人遗墨》书影

的儿子唐熊也擅画，因有家学渊源，曾在1926年作梅花册页，印有《泰山残石楼藏画》。

吴淑娟幼年即随父亲习画，尽得父亲笔法妙趣。比如她画树叶，就讲究多姿多彩的变化：将梅花点、菊花点、大混点、小混点、平头点，还有那聚雨点、渴点、夹叶设色点等，运用得灵活多变，显示出她驾驭传统技法的功力。加上书法苍古，画宗八大，山水、花卉、人物均负时誉，被家乡人称为“出蓝”的才女。著有《吟华阁画集》和《杏芬老人画集》。

云为诗留，山随画活。谁能像她那样有才情？她原是安徽歙县昌溪人。昌溪原本风物清嘉，人杰地灵，村落奠基于唐，南宋前为沧溪，宋淳熙年后改为昌溪，素有“歙南第一村”之美誉。生于斯，长于斯，对秀媚于众山的黄山自然情有独钟，她出入其中，在领略其巍峨的身躯、庄严的仪态、丰富多彩的植被后，作《黄山图》24幅。她看真山、真水。山是黄山，水为西湖水，笔致绵渺而下，自然而然地画下了《十八省名胜图》。家人的支持也让吴淑娟有了游览名山大川的机会，其山水画力求真山真水，均是亲身游历过，才绘于女画家的笔下。一派温润幽微的气息，她巨笔画来，如烹小鲜。山水气韵万千，花卉秀润欲滴。

百年画缘，千秋情义

真是百年画缘，千秋情义。在近代画坛，她资格最老，地位最高，还是李秋君的恩师。

在吴淑娟46岁时，有一位出身大户人家的姑娘前来拜师，说非常喜欢她的画，想跟着她学画。吴淑娟看了看她的画作，极为清润秀美，就答应收她为徒。那时吴淑娟没有想过，她收的这位徒儿李秋君后来在画坛成为鼎鼎有名的一位。

其实，不仅李秋君喜欢吴淑娟的画，李秋君的哥哥李祖韩也喜欢她的画，兄妹两人都曾师从吴淑娟学画。在吴淑娟手下，李秋君已被调教得非常出色，画山画水，颇成佳构。李秋君后遇到张大千，为张大千独特的笔墨和才情所倾倒，又随他学画，成就了一段艺苑佳话。

吴淑娟很喜欢这位徒儿，与她合作也不少。一直到七十多岁，她还带着爱徒，时而画一幅仙山楼阁的扇面，时而绘一张云山耸翠的小品。加上父亲和丈夫的社会地位，她能轻松容易地与众多名画家交往。可惜，吴淑娟后世名声不显，远不如李秋君的名声响亮。

毕竟是民国书香闺秀，文静贤淑，做人与作画一样有情有致。1918年11月，第一次世界大战结束，长达四年的战乱造成上千万人死亡。面对惨烈的战祸，吴淑娟动了恻隐之心，她要用自己的画笔为战后赈济添一份力。

经过几个月的筹备，为赈济灾黎，她特别绘制了30幅画作，于1919年1月22日在宁波路卡登饭店举行展览，分内外两室陈列，外室陈列捐助之画件，内室陈列生平作品，画件标价竞售，观者甚多，顷刻之间，如数售出。每件标价多数为百余元，所获款项全部捐西伯利亚战事协济会，为人所赞誉。

《空谷长啸》　吴淑娟绘

左　《岁朝清供图》　吴淑娟绘
右　《岁朝清供图》　吴淑娟绘

美人易老，胜景难驻，唯有画作始终意境芬芳。吴淑娟晚年居沪上以卖画为生，在“吟华阁”里吟诗作画。她临的《金刚般若波罗蜜经》字帖，一笔一画，富于清润之气，均有章法，很规矩地镶嵌在方格内。这样清淡峻拔的书法，只是看看，读读，就够人以消永昼了。

杏芬老人的遗像，看上去跟一位普通的持家祖母并无二致。让人想象不出她悬腕挥毫时的模样。《杏芬老人遗墨》是蓝盈盈的线装本，一大册，从《仿马远山居图》《仿恽南田没骨花卉》《仿仇十洲秋院宴乐图》《仿沈南蘋双鸠花鸟玉堂富贵》，到《补铜器拓本岁朝图》等，都是很精雅的。可以说是“绘得老人竟谢世，留得珍品在人间”。

画界耆宿，千秋画魂

难得的是，吴淑娟从咸丰年间走到民国，在蹉跎岁月里仍然从容，有一种素美的沧桑。她年事虽高，仍频频出席各类画会活动，与年青一辈的女画家张红薇、奚居格、虞澹涵、李秋君、顾青瑶、周炼霞、张时敏等人，共同积极进取。她的山水、花鸟，均有出尘之作。

1919年，天马会成立，在国粹画系审查员选举中，吴淑娟和吴昌硕、王一亭、刘海粟、诸闻韵一起当选。吴淑娟获得5票，仅低于王一亭的7票，而高于吴昌硕的4票和刘海粟的3票，由此可见她在画坛的地位之高。

1928年4月，画家许士骐在江宁路大华饭店主办中国古今名画展览会，吴淑娟积极参与。在40多位当代民国画家中，她与黄宾虹、曾农髯、许徵白、钱瘦铁、张大千、张善孖、张聿光并列，展出有五幅大画作，均为工笔，细如毫发，让人惊叹她的功力之深厚。

1928年7月，莫干山肺病疗养院为扩建院舍募集基金，向文艺界筹集书画古玩，分期展览。海上书画同人、艺苑名家纷纷作画赞助此举，吴淑娟也与女画家顾青瑶、李秋君、陆景兰等人一起作画赠送墨宝，捐助疗养院。此时，她已是70多岁的老人，挥笔于绘事，却丝毫未见功力减弱，令人感佩；也可窥见她钟情于艺术的心魂。

1934年，刘海粟宣扬东方艺术，曾先后在柏林、汉堡、莱茵河诸城暨荷兰之阿姆斯特丹、海牙等处，举行中国画展，后移往日内瓦市立历史美术馆开幕。吴淑娟此时虽已去世，但与已故画家林琴南、梁公约、任伯年、陈师曾等人一起，被列入日内瓦中国画展的出品人之中。罗曼·罗兰参观这次画展后，称中国画为“真的艺术”。

因为她艺绩非凡，又以鬻画为业，所以，幕后有多人为之捉刀：人物多为沙辅卿代笔，花卉多由叶指发代笔，山水画由汪仲山和陈寄壑代笔。这是一种很见历史文化遗痕的操作方式。

其实，代绘才女的画不难，可画带着闺秀情怀的绘作却难，俗世之中又有几人能做得到？

杏芬老人的旧时绘作，毕竟是旧人旧画旧梦痕，适合怀旧之夜小赏，闺秀们到了晚年，大都沉沦于经书写般若、壁画绘佛陀的佛事之中，但是唯有她，仰望菩提树，修心成正果，给人气韵芬芳的

《蜀山行旅图》　吴淑娟绘

精神启示。

千秋画魂一卷幽。过去是风雅，是声声慢，是至情至性。杏芬老人于那旧岁月里的旧影痕，怎么能不让人记忆犹新？

结屋危崖住几年，何人能无赏苍烟。

寒枝挂月新篁泾，此是云林水墨禅。

——冯超然为沈绮文画题诗

沈绮文　刚健豪迈女虎头

“冯门女弟子”

1926年冬天，冯超然的女弟子毛孟琰领来一位女生，名叫沈绮文，原是学油画出身，毛孟琰将她介绍给老师冯超然。沈绮文见到冯超然后，将自己的油画作品《冬景图》呈上，冯超然一看，淞风霜影，云团朵朵，原野皑皑，白雪满枝，笔致挺秀，意态清隽，实属可造之才。于是决定收她为入室女弟子，还为她取了一个艺名，叫沈琇华。

沈绮文生于1909年，是清末民初著名画家冯超然为数众多的女弟子之一。海上画派有“三吴一冯”之说，其中“一冯”，即是冯超然。于此可见冯超然当时的地位。冯超然擅绘人物，无论竹林高士，还是月下美人，都得心应手；他的嵩山草堂，享誉海上，培养了陆俨少、张谷年、郑慕康、程芥子、陈小翠、汤义方等于山水、人物、花卉方面各擅胜场的绘画人才。而冯氏当年，尤以擅长教授女弟子而名满艺坛。中国现代绘画史，有说不完的故事、谈不尽的现象。冯超然的女弟子，即有值得一说的故事。

列入冯氏门墙的所有女门生，老师冯超然都要给她们取艺

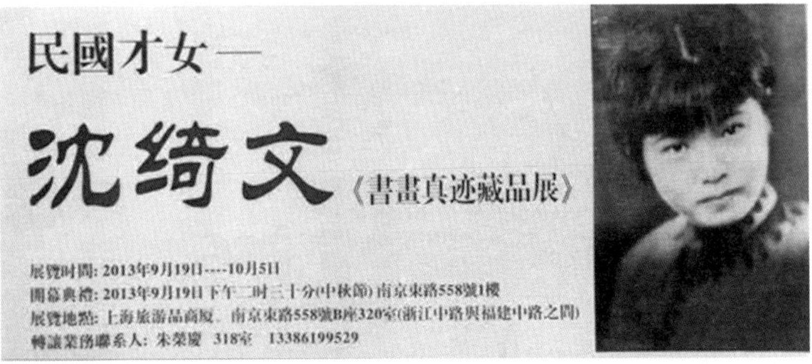

上　沈绮文书画真迹藏品展海报

下　嵩山草堂师生雅集（后排左六为陈小翠、左七为沈绮文）

名，而且名字中都有一个“华”字：女儿冯佩方，名为冯佩华；谢林佩，名为谢瑶华；郑锦霞，名为郑琪华；孙铁崖，名为孙琼华；毛孟琰，名为毛琪华；沈绮文，名为沈琇华；张永芳，名为张琰华等。因冯氏认为国画是“国粹艺术”，仅中华民族所有，所以用“华”字，听起来舒服，又有内涵。这些“华”，围在冯超然身边，一起切磋画艺，当然是墨涛常涌、笔花常开了。

冯氏门下的闺阁女子，秉性温和，天资聪慧，耐心勤奋，所作书画，均带有浓厚的闺秀气度——端庄秀美，设色明净，多工笔而少写意，多设色而少泼墨。陈小蝶曾写文章评论冯氏女弟子之画作：“冯超然秀逸松灵，近于烟客，而人物花卉，实超山水之上。门墙桃李，女士为盛。凡在会中见有‘华’字行者，率为超然子弟。其画皆美秀生韵，使人一望而知。”这样动人的风景如今难以再见，成为遥远的绝响的同时，也让人心头不免一直牵记惦念。于是只好寻书来读。《冯超然年谱》里，飘浮着那一代画家笔下的流云，琇华女史与那些女弟子的遭际，宛若过眼烟云，让人唏嘘。

冯超然对沈绮文的《冬景图》印象颇深，命她专攻山水。从此之后，沈绮文笔下的粉墨飘摇，自是另一种风貌。在一群红颜弟子中，对于琇华女史，冯超然又别有一番赞誉，曾有“学啥象（像）啥女弟子”之称赞。

中华人民共和国成立前，沈绮文曾和冯文凤等人发起成立中国女子书画会，是和陈小翠、周炼霞等齐名的女画家，从此，她的身影就穿梭在古典传统的闺秀之间，在画苑艺林中经营自己人生的风景。

“补花馆”里画猛虎

闺秀女子喜欢给自己的书房取个典雅的斋名，沈绮文的斋名叫补花馆。虽是纸上风雅，但也不禁让人想到花木掩映、楼台殿阁。可是沈绮文并不钟情花花草草，她承冯超然之教，擅长山水，最为出名的，却是猛虎。

她喜欢与陆俨少等人合作，每每由她画虎，陆俨少、应野平等人补景。一路画过去，虎姿生威。她和陆俨少合作的《虎》，画面中的两只老虎，一蹲一伏，各具情态；她和应野平合作的《猛虎下山图》，是青绿山水中的题识；她画过的《虎啸图》，是“一啸生风”，山水依然是那山水，一猛虎临于悬壁之上，令人生寒，令人失色；还有，她于1976年作《虎视眈眈》《山君图》……读之，阅之，心中顿时浮起一股祥瑞的欣悦。

心有猛虎，细嗅蔷薇。她笔下的猛虎威猛，背后必有大量的积累，唯有钻研得深，才会生出艰辛的美感。从那一只只斑斓的猛虎上面，能够看出沈绮文没有辜负冯超然堂上那段浸润艺海的流金岁月。

包铭新先生的《海上闺秀》新版，有沈绮文的专题介绍，细读之下，她的身影越发清晰起来，原来琇华女史也擅长工笔人物，曾画工笔月份牌和宣传画多种，被人认为不在杭穉英、郑曼陀之下。

画惯了猛虎，偶尔画仕女、山水，沈绮文也别有情致。1930年的秋天，她画有一幅《松鹤图》，鹤画得“老尚能健”，松绘得“肥喜不痴”，笔墨苍劲，绝无细弱气，为此，老师冯超然大为赞赏。她的山水积翠连绵，花鸟清思飘逸，笔意苍劲遒丽，古拙幽深。上面疏疏淡淡录些古诗词，疏秀妍雅。那一缕逝去的古意，让人怀恋曾有的飘香情怀。

昨日梨花今宵月，沈绮文的身世颇让人哀矜，她一度与父亲游泰山以获取图稿，不幸其父失足蒙难，她痛心欲绝，搁笔数十载，后来，才恢复笔墨生涯，一腔深情付素绢。

陆俨少之师姐

说起来，沈绮文比陆俨少入冯氏之门还要早些。

就在她入门后，过了几个月，旧历正月，陆俨少19岁，由王同愈介绍，拜识冯氏，遂为嵩山草堂的入室弟子。行过礼，冯先生第一句话就对他说：“学画要有殉道精神，终身以之，好好做学问，名利心不可太重。”这句话，给陆俨少留下深刻印象，终身铭记在心。陆俨少遇到沈绮文，得恭恭敬敬地称她一声“师姐”。

她画斑斓猛虎，陆俨少会为她补山水之景。飞白流动的山水图中，如果缺少了那只猛虎，便少了许多生动的山水之意。

在旧时女画家笔墨集藏之中，沈绮文是特立独行的一位。我喜欢的闺秀画家，性情的深处都是有点幽情的，彼此的审美意识甚至都有点相似，着意于画花、画鸟、画鱼、画蝶，借花鸟鱼蝶自写

《双虎图》　沈绮文绘

落花身世，但那些花鸟鱼蝶，只是翻开了旧时闺秀画家相册的一面。她们还有另一面，比如沈绮文，山水走兽人物皆能，尤其爱画虎，而且画得威猛有姿、虎虎生威，遂使闺秀画的风格显得博大，显得深邃，时有刚健，时有豪迈。

女子画虎，竟然能够画得那么好，她的这种执着，是闺秀画苑风景中最为动人的一种情怀。

虽是风住尘香花已尽，但直到晚年，闺秀的底蕴还保留在她的身上。1981年，她曾在上海友谊商店办画展，陆俨少题“虎头妙迹开新面，虎岁新猷展佳章”的贺词。师姐弟二人深深浅浅写来，照应到的是那份浓浓的同门情义。

晚年时，沈绮文回忆起60余年前为师冯超然所绘画作，画面清旷，气息清雅，在搁笔一甲子有余之际，重在旧箧中得之，心中不禁涌起无限悲凉感慨。彩云易碎琉璃散。从此，追寻昔日风雅事，自写笺纸闻墨香。

即使是身处新时代的我，看见这些平和温静的画境，也会勾起对过往的怀旧之情，很想买一幅收藏把玩，感受画中云烟滋养。

人情多在回眸，深宵静夜，领略沈绮文抑扬顿挫、高低沉浮的人生经历，感悟她铺于宣纸上的岁月风云，不觉东方之既白。

后记　旧痕新影话闺秀

江南三月，杂花生树，群莺乱飞。沉浸式的写作，令我深深体味到人生的简洁与厚重。让人感慨的是，十多年前，有一段时间，我烦琐的编辑时光里，充满旧时风味，也是属于编书的况味。

当时，我所在的出版社想做一套选题，是有关旧时闺秀方面的。也许是时代风气使然，现代社会的节奏日益加快，人的内心却不可避免地浮躁了起来。所以，吸引人转而关注过去的闺秀，关注她们曾有的端庄文雅、诗闺礼仪。而关于女性研究方面，南通大学的陈学勇教授和陈子善的学生王羽博士，在这一领域颇为擅长，于是，便策划了一套“伊人丛书”，有学术论文集，有传记，有小说选编等，旨在展示当时闺秀作家多姿多彩的人生。

一套书编完，那时的女性影痕，便淡淡上了心头。在编辑这些闺秀作家作品的过程中，有时会翻阅一些资料，偶然瞥见旧时闺秀的情绪种种，心里有种莫名感动。记得在那些单调沉闷的琐事里，还会有闺秀作家的家属找到编辑部，谈及这些大家闺秀后来的人生经历。日积月累，不免会有些感想，于是涉笔成文，也借此纪念那段编书时光。说来也巧，有一篇名为《闺秀笔记》的文章，发表在《苏州杂志》上。北京一位篆刻家在冷摊上购得这本杂志，读到这篇文章，颇为感怀。于是，他辗转在博客上寻到我，鼓励我就这个题材继续写下去。

一切都是文缘。于是，就闺秀这个主题，我进行了一番深入的阅读探索，有了闺秀系列的写作。并且，由于阅读范围的逐渐扩大，阅读兴趣的转移，写作对象逐渐由女作家领域扩展至女画家领域，进而是文化领域内的杰出女性。闺秀诚然是一个小众话题，但这种情怀仍鲜活地在人们心中蕴藏。我自然不是这方面的专家，只是一个追寻者、仰慕者，只是想尽可能地写好一些，语言也力求简洁雅致、生动有味一些。

《才女风景——兰气息，玉精神》写的多是女作家、女学者，有几位是当代学者，但身上却有着过去时代的旧味。这一领域内的人物，有的是众所周知的人物，如杨绛、苏雪林、张爱玲，有的则显得略微小众，如王兰馨、葛福灿、袁荃猷等。她们身上既保留了中国传统女性端庄、婉约的特点，有的又吸收了西方先进文化，带有现代女性个性解放、思想活跃的特征。无一例外，她们都优雅知性、落落大方……关注她们，是因为她们有一种穿梭古今的清雅气质，让人重温一个时代的别致与精雅。

《闺秀风雅——书画情缘惜红衣》所写全是女画家，而且多是与20世纪30年代中国女子书画会相关的一些闺秀画家。有的是当年的主力人物，如冯文凤、陈小翠、顾飞、谢月眉等人，有的是后期加入的，如江南蘋、厉国香、贝聿玿等。但无一例外，她们的岁华才情、风华画缘、风致旧影、素心沧桑，都曾经牵动我的心结，也就使我颇为关注她们的一举一行，对她们的诗词、画作，一有心得，即援笔成文。本书中钩沉的女画家，自成一格，是萧条异代里存留下来的清芬佳人。

《佳人风华——幽兰独抱真香色》里，有词人吕碧城，画家陆小曼，曲人樊诵芬；有社会活动家严幼韵，刺绣大师沈寿、杨守玉，教育家黄绍兰……可谓一代佳人，寂寥传奇，风华人生，一一再现。这些闺秀都是传统文化孕育出来的女文人，诗书画乐几乎无所不通，而且造诣颇深，符合传统意义上闺秀的标准。不仅如此，在这些女性身上，传统与现代相融合，引起了人们关于那个时代的无限遐想。

关注这些闺秀才女，或许和自己的家族身世有关。读过父亲多年前写的日记，得知祖上原是安徽寿州（今安徽省淮南市寿县）一个旧式大家庭，四代人居于一处，那是怎样的一种情形，可以想见。父亲从小追随叱咤风云、官至鄂豫皖边区总指挥的伯父行游他方，在北平、成都、开封、阜阳、安庆、芜湖等地都留有踪迹，年轻时候的经历不可谓不丰富。他讲述的一些旧事，他年轻时在四川、上海闯荡求学、工作的经历，时而会予我以心影留痕。家族里那些若隐若现的女性，有时也会在我心头泛起涟漪。如我的大姑母，一位典型的知识女性，身世坎坷，经历传奇，是一个典型的地方闺秀，如今已寿达九十余岁，还是那么端庄，有韵味。因而，我怀恋旧时闺秀的意味要复杂深厚一些。

但我的创作冲动或许更多萌发于那些难忘的亲历、行走、阅读、聆听的记忆。有些事情虽经多年，但仍历历在目：葛福灿女士讲述往事时眼角沁出的泪花；沈扬老师一讲再讲赵清阁的故事，对她的人生充满了别样的关注；曾经住宿中山大学，访陈寅恪故居，见唐筼与家人的合影照，旧日影痕刻于心头；与程乃珊老师会面的场景，一直在记忆里回放；珞珈山下，访苏雪林、沈祖棻、凌叔华旧事，也切切难忘；在苏州九如巷，似乎总能听到张家四姐妹的欢声笑语；宋路霞老师语爽情真，她讲述的参加严幼韵生日派对的故事，确实难得；江南蘋女儿江琦老师对母亲的回忆，充满了温情；裘因老师的眉眼灵动，与母亲顾飞很像，她对母亲的怀念也令人动容……

文史画界尽风流，这些闺秀的故事，是曾经的风雅。她们的人生，宜读，宜赏，宜品评。

需要说明的是，《闺秀风雅——书画情缘惜红衣》中关于中国女子书画会中女画家的描写，其实只是冰山一角，仅是抛砖引玉，以期引起更多人的关注，挖掘出更多的史料，还原她们曾经的风华经历。

这套闺秀小丛书的出版，得到古吴轩出版社领导及其同人的一再关心，在此感谢钱经纬社长、唐伟明副总编辑、陆月星主任等的大力支持。在写作过程中，卢润祥老师不仅为我倾情作序，还为拙稿提出许多中肯的意见和建议，在此一并感谢。

鱼麗

戊戌暮春，于海上清徽小筑

己亥春日定稿